allemand

Le vocabulaire junior

Vocabulaire thématique et exercices

Laura DEMARCHE
Agrégée d'allemand

ellipses

ISBN 2-7298-5604-8

Introduction

Conçu pour les jeunes élèves de l'enseignement secondaire, cet ouvrage peut aussi être une bouée de sauvetage pour les étudiants en "situation délicate" et une base de départ pour les grands débutants. L'objectif est de fournir à l'apprenant les éléments lexicaux essentiels de la langue allemande et d'en faciliter l'assimilation par la réutilisation.

Chaque chapitre du **vocabulaire junior** comprend trois rubriques : d'abord **une liste de mots**, puis dans la rubrique **verbes et expressions** les mots les plus essentiels présentés dans un environnement lexical qui explicite leur sens et met leur emploi en évidence, en particulier en ce qui concerne les divers problèmes de construction (cas et prépositions) ; enfin, une rubrique **phrases** comprenant dix phrases brèves et courantes que l'apprenant pourra aisément mémoriser.

Chaque chapitre (sauf le dernier) est suivi d'une série de quatre exercices. Ils ont été conçus pour vérifier que la leçon de vocabulaire a été assimilée. Simples sans être simplistes, ces exercices permettent de faire le point et de vérifier si le vocabulaire appris a bien été assimilé ; utilisés en cours d'allemand, ils seront pour le professeur un outil de contrôle efficace et aussi, par le caractère ludique de certains, une occasion de détente toujours bienvenue.

Les avis divergent sur l'apprentissage systématique du lexique. Mais qui n'admettra que la connaissance d'un nombre minimum d'éléments lexicaux est indispensable à la communication.

Nous espérons que cet ouvrage répondra à l'attente de ses utilisateurs et nous les remercions par avance des critiques et des suggestions qu'ils voudront bien nous faire.

Abréviations et indications indispensables

L'astérisque (*) indique un verbe fort ou irrégulier. La liste figure à la page 128.

Après chaque verbe est indiqué l'auxiliaire du passé.

Le génitif des noms est indiqué seulement quand cela est nécessaire, en particulier pour les masculins faibles.

La mention (adj.) après un nom indique qu'il s'agit d'un adjectif substantivé. Il se décline donc comme un adjectif épithète.

La barre oblique (/) indique un préverbe accentué séparable.

Le signe (sg.) après un nom signifie que ce nom ne s'emploie pas au pluriel

Le signe (pl.) après un nom signifie que ce nom ne s'emploie pas au singulier.

Table des matières

Le temps 1

die Zeit (en)	le temps
der Tag (e)	le jour
tagsüber	le jour
täglich	tous les jours
die Nacht (¨e)	la nuit
nachts	la nuit
der Morgen (-)	le matin
morgens	le matin
der Vormittag (e)	la matinée
vormittags	dans la matinée
der Mittag (e)	le midi
mittags	à midi
der Nachmittag (e)	l'après-midi
nachmittags	l'après-midi
der Abend (e)	le soir
abends	le soir
um Mitternacht	à minuit

die Woche (n)	la semaine
das Wochenende (n)	le week-end
der Montag (e)	lundi
der Dienstag (e)	mardi
der Mittwoch (e)	mercredi
der Donnerstag (e)	jeudi
der Freitag (e)	vendredi
der Samstag (e)	samedi
der Sonntag (e)	dimanche

der Monat (e)	le mois
der Januar	janvier
der Februar	février
der März	mars
der April	avril
der Mai	mai
der Juni	juin
der Juli	juillet
der August	août
der September	septembre
der Oktober	octobre
der November	novembre
der Dezember	décembre

die Jahreszeit (en)	la saison
der Winter (-)	l'hiver
der Frühling (e)	le printemps
der Sommer (-)	l'été
der Herbst (e)	l'automne

der Kalender (-)	le calendrier
das Jahr (e)	l'année
das Jahrzehnt (e)	la décennie
das Jahrhundert (e)	le siècle
die Epoche (n)	l'époque

die Vergangenheit	le passé
vergehen* *(ist)*	passer (le temps passe)
vergangen	passé
gestern	hier
vorgestern	avant-hier
früher	autrefois

die Gegenwart	1. le présent 2. la présence
heute	aujourd'hui
heutzutage	de nos jours
jetzt	maintenant
verbringen* *(hat)*	passer (du temps, des vacances)

die Zukunft	l'avenir
morgen	demain

übermorgen	après-demain
sofort	tout de suite
bald	bientôt
ewig	éternel
immer	toujours
nie	jamais
manchmal	parfois
oft	souvent
die Dauer	la durée
dauern ***(hat)***	durer
kurz	court
lang	long
lange	longtemps

früh	tôt
spät	tard
pünktlich	à l'heure
die Sekunde (n)	la seconde
die Minute (n)	la minute
die Stunde (n)	l'heure (durée)
stundenlang	pendant des heures
die Uhr	l'heure (qu'il est)
an/fangen* ***(hat)***	commencer
enden ***(hat)***	se terminer
der Anfang (¨e)	le début
das Ende (n)	la fin

VERBES ET EXPRESSIONS

nächstes Jahr	*l'année prochaine*
in einem Jahr	*dans un an*
vor einem Jahr	*il y a un an*
seit einem Jahr	*depuis un an*
im Winter, im Sommer	*en hiver, en été*
im Februar	*en février*
am Anfang / am Ende	*au début / à la fin*
Anfang Januar	*début janvier*
Ende August	*fin août*
vorige Woche	*la semaine dernière*
nächste Woche	*la semaine prochaine*
zweimal in der Woche	*deux fois par semaine*
fast jeden Tag	*presque tous les jours*
montags, dienstags, etc.	*le lundi, le mardi, etc.*
am Abend	*le soir*
am Morgen	*le matin*
heute abend	*ce soir*
um Mitternacht	*à minuit*
morgen früh	*demain matin*
früher oder später	*tôt ou tard*

zur Zeit	*en ce moment*
auf jdn/etwas (A) lange warten *(hat)*	*attendre longtemps qn / qch*
Zeit haben	*avoir le temps*
an die Zukunft denken* *(hat)*	*penser à l'avenir*
Geburtstag haben	*avoir son anniversaire*

PHRASES

Heute ist Freitag, der 8. Oktober.
Aujourd'hui, c'est vendredi 8 octobre.

Morgen haben wir Montag, den 16. August.
Demain, c'est lundi 16 août.

Am Mittwoch nachmittag haben wir keine Schule.
Le mercredi après-midi nous n'avons pas école.

Die Ferien enden am nächsten Donnerstag.
Les vacances se terminent jeudi prochain.

Wieviel Uhr ist es ? Es ist halb drei.
Quelle heure est-il ? Il est deux heures et demie.

Die Schule fängt jeden Tag um 8 Uhr an.
L'école commence tous les jours à huit heures.

Er ist zu spät angekommen.
Il est arrivé trop tard.

Wie lange dauert der Film ?
Combien de temps dure le film ?

Heute habe ich keine Zeit.
Aujourd'hui, je n'ai pas le temps.

Ich brauche einen neuen Kalender.
J'ai besoin d'un nouveau calendrier.

EXERCICES

1. Compléter avec la préposition qui convient.

1. .... Montag sind Mutti und Vati zu Hause.
2. Boris ist .... Juli geboren.

3. Claudia hat .... 5. Dezember Geburtstag.
4. .... Winter gibt es manchmal Schnee.
5. Das Fest fängt .... vier Uhr an.

2. Traduire les groupes suivants.

1. Je l'ai vu hier dans la matinée.

....

2. Aujourd'hui, c'est jeudi 8 octobre.

....

3. Il est deux heures et quart.

....

4. Je l'ai vu hier matin à neuf heures et demie.

....

6. Je l'ai vu mercredi après-midi.

....

7. Il était huit heures vingt.

....

8. Demain c'est dimanche 13 novembre.

....

9. Je l'ai vu mardi 22 juillet à cinq heures moins dix.

....

10. Je l'ai vu dans la matinée du 16 février.

....

3. Compléter en donnant le nom de la saison.

1. Februar ist im ....
2. Weihnachten ist im ....
3. Mai ist im ....
4. August ist im ....
5. Oktober ist im ....

4. Compléter les phrases suivantes en respectant la traduction.

1. Ich gehe .... ins Schwimmbad.
   Je vais deux fois par semaine à la piscine.

2. Mein Vater geht .... ins Kino.
   Mon père va presque tous les jours au cinéma.

3. Ich habe .... Schule.
   Je n'ai jamais école le mercredi.

5. Der Film dauert ....
   Le film dure deux heures.

6. .... esse ich .... bei meiner Großmutter.
   Souvent je mange chez ma grand-mère le lundi soir.

7. .... schlafe ich .... bis ....
   Le dimanche, je dors parfois jusqu'à onze heures.

8. .... sind die Eltern weniger streng als ....
   De nos jours les parents sont moins sévères qu'autrefois.

9. Er ist nie ...., er kommt immer ....
   Il n'est jamais à l'heure, il arrive toujours trop tard.

10. .... sind .... sehr kalt.
    Depuis trois ans les étés sont très froids.

2 L'espace

der Raum (¨e)	1. l'espace, 2. le local, la pièce
geräumig	spacieux
die Ecke (n)	le coin, l'angle
flach	plat
die Fläche (n)	la surface
die Linie (n)	la ligne
geradlinig	rectiligne
das Rechteck (e)	le rectangle
rechteckig	rectangulaire
das Viereck (e)	le carré
viereckig	carré
das Dreieck (e)	le triangle
dreieckig	triangulaire
der Kreis (e)	le cercle
rund	rond
der Punkt (e)	le point
die Mitte	le milieu
die Seite (n)	le côté
die Reihe (n)	la rangée
der Zentimeter (-)	le centimètre
der Meter (-)	le mètre
der Kilometer (-)	le kilomètre
der Quadratmeter (-)	le mètre carré

die Richtung (en)	la direction
geradeaus	tout droit
rechts	à droite
links	à gauche
der Osten	l'est
östlich	oriental
der Norden	le nord
nördlich	septentrional
der Westen	l'ouest
westlich	occidental
der Süden	le sud
südlich	méridional

der Ort (e)	le lieu
die Stelle (n)	la place, l'endroit
hier	ici
dort	là
fern	éloigné, lointain
entfernt	éloigné
die Entfernung (en)	la distance, l'éloignement
weit	éloigné, lointain
nah	près, proche
die Nähe	la proximité
draußen	dehors
drinnen	dedans
niedrig	bas
hoch	haut
die Höhe (n)	la hauteur
lang	long
die Länge (n)	la longueur
schmal	étroit
breit	large
die Breite (n)	la largeur
tief	profond
die Tiefe (n)	la profondeur
oben	en haut
unten	en bas
vorn	devant
hinter	derrière
neben	à côté

der Vordergrund	le premier plan
der Hintergrund	l'arrière-plan
liegen* *(hat)*	être allongé
stehen* *(hat)*	être debout
sitzen* *(hat)*	être assis
hängen* *(hat)*	être accroché, suspendu
legen sich *(hat)*	s'allonger, se coucher
stellen *(hat)*	poser
setzen sich *(hat)*	s'asseoir
hängen *(hat)*	suspendre, accrocher
auf/stehen* *(ist)*	se lever
befinden* sich *(hat)*	se trouver

VERBES ET EXPRESSIONS

im Hintergrund	*à l'arrière-plan*
im Vordergrund	*au premier plan*
in der Mitte	*au milieu*
in diesem Punkt	*sur ce point*
auf der Seite	*sur le côté*
vorne links	*devant à gauche*
oben rechts	*en haut à droite*
von rechts nach links	*de droite à gauche*
in der Nähe von	*à proximité de*
von weitem	*de loin*
an dieser Stelle	*à cet endroit*
drei Meter hoch	*haut de trois mètres*
zehn Kilometer lang	*long de dix kilomètres*
geradeaus fahren* *(ist)*	*aller tout droit (en voiture)*
links ab/biegen* *(ist)*	*tourner à gauche*

PHRASES

Die Sonne geht im Osten auf.

Le soleil se lève à l'est.

Der Garten befindet sich hinter dem Haus.

Le jardin se trouve derrière la maison.

Du mußt rechts abbiegen und dann geradeaus fahren.

Tu dois tourner à droite et ensuite aller tout droit.

Mein Bruder wohnt im Norden der Stadt.

Mon frère habite au nord de la ville.

Unsere neue Wohnung ist hundert Quadratmeter groß.

Notre nouvel appartement fait cent mètres carrés.

Der See liegt drei Kilometer von der Stadt entfernt.

Le lac est à trois kilomètres de la ville.

Wir wohnen in der Nähe von Paris.

Nous habitons à côté de Paris.

Wo ist die Katze ? Sie sitzt vor der Tür.

Où est le chat ? Il est assis devant la porte.

Kannst du das Brot bitte auf den Tisch legen ?

Peux-tu mettre le pain sur la table s'il te plaît ?

Paul sitzt neben seinem Freund Marco.

Paul est assis à côté de son ami Marco.

EXERCICES

1. Complèter par le verbe de mouvement qui convient.

1. Sonja .... sich ins Bett.
2. Paul .... sich auf den Stuhl.
3. Ursula .... ihren Mantel in den Schrank.
4. Erich .... die Flasche auf den Tisch.
5. Klaus .... den Stuhl in die Ecke.

2. Traduire les phrases suivantes par le verbe de position qui convient et en respectant la traduction.

1. Dein Mantel .... im Schrank.

   Ton manteau est dans l'armoire.

2. Die Katze .... auf dem Bett.

   Le chat est couché sur le lit.

3. Der Großvater .... auf dem Sofa.
   Le grand-père est assis sur le sofa.
4. Die Flasche .... auf dem Tisch.
   La bouteille est sur la table.

3. Indiquer le contraire des mots suivants.

1. hoch ....
2. draußen ....
3. nah ....
4. östlich ....
5. vorn ....
6. links ....
7. oben ....
8. nördlich ....
9. schmal ....
10. hier ....

4. Compléter les phrases suivantes en respectant la traduction.

1. Das ist kein ...., es ist ein ....
   Ce n'est pas un carré, c'est un triangle.
2. Das Haus steht .... des Bildes.
   La maison est au premier plan du tableau.
3. Meine Großeltern haben ein sehr .... Haus auf dem Land.
   Mes grands-parents ont une maison très spacieuse à la campagne.
4. Wir haben einen Platz .... der ....
   Nous avons une place au milieu de la rangée.
5. In welche .... fahren wir ? Wir fahren nach ....
   Dans quelle direction allons-nous ? Nous allons vers le Sud.
6. Das Salz ist nicht ....
   Le sel n'est pas à sa place.

7. Es ist nicht sehr .... bis nach Paris : ungefähr ....
   Ce n'est pas très loin jusqu'à Paris, environ trente kilomètres.
8. Diese Gegend ist sehr ....
   Cette région est très plate.
9. Dein Pullover liegt .... im Schrank.
   Ton pull-over est en haut à droite dans l'armoire.
10. .... ist zehn Zentimeter .... und fünf Zentimeter ....
   Le rectangle fait dix centimètres de long et cinq de large.

Le ciel et la terre 3

der Himmel	le ciel
der Horizont	l'horizon
der Planet (en, en)	la planète
der Mond	la lune
der Mondschein	le clair de lune
der Vollmond	la pleine lune
der Stern (e)	l'étoile
die Sonne	le soleil
das Licht (er)	la lumière
scheinen* *(hat)*	briller
die Erde	la terre
die Welt (en)	le monde
die Insel (n)	l'île
die Halbinsel (n)	la presqu' île
die Wüste (n)	le désert
der Dschungel	la jungle
das Gebirge (sg.)	les montagnes
der Berg (e)	la montagne
der Gipfel (-)	le sommet de la montagne
der Fels (en, en)	le rocher
der Stein (e)	la pierre
der Boden (¨)	le sol
das Metall (e)	le métal
der Stahl	l'acier
das Eisen	le fer
das Gold	l'or
das Silber	l'argent
echt	vrai, véritable
das Feuer	le feu
brennen* *(hat)*	brûler
löschen *(hat)*	éteindre
das Wasser	l'eau
die Quelle (n)	la source
der Fluß (sses,üsse)	la rivière, le fleuve

der Bach (¨e)	le ruisseau
fließen* *(ist)*	couler
der See (n)	le lac
die See (sg.)	la mer
das Meer (e)	la mer
der Ozean (e)	l'océan
der Strom (¨e)	le fleuve
die Strömung (en)	le courant
die Welle (n)	la vague
die Küste (n)	la côte
das Ufer (-)	la berge, la rive
der Strand (¨e)	la plage
der Sand	le sable
das Wetter	le temps
der Wetterbericht (e)	le bulletin météorologique
das Klima	le climat
die Luft (¨e)	l'air
der Wind (e)	le vent
wehen *(hat)*	souffler
die Wolke (n)	le nuage
der Regen	la pluie
der Regenbogen (¨)	l'arc-en-ciel
regnen *(hat)*	pleuvoir
der Schnee	la neige
schneien *(hat)*	neiger
der Tropfen (-)	la goutte
die Pfütze (n)	la flaque
der Nebel	le brouillard
feucht	humide
die Feuchtigkeit	l'humidité
trocken	sec
die Trockenheit	la sécheresse
kühl	frais
frisch	frais
die Frische	la fraîcheur

kalt	froid	**warm**	chaud
die Kälte	le froid	**die Wärme**	la chaleur
mild	doux	**heiß**	très chaud
die Milde	la douceur	**die Hitze**	la grande chaleur

VERBES ET EXPRESSIONS

auf der Erde	*sur terre*
unter freiem Himmel	*à la belle étoile*
am Horizont	*à l'horizon*
im Freien	*en plein air*
im Regen	*sous la pluie*
im Nebel	*dans le brouillard*
bei schlechtem Wetter	*par mauvais temps*
bei Mondschein	*au clair de lune*
an die See/ans Meer fahren* *(ist)*	*aller au bord de la mer*
die Ferien am Meer verbringen* *(hat)*	*passer les vacances au bord de la mer*
im Gebirge sein *(ist)*	*être à la montagne*
ins Gebirge fahren* *(ist)*	*aller à la montagne*
am Strand spielen *(hat)*	*jouer sur la plage*
an den Strand gehen* *(ist)*	*aller à la plage*
gegen die Strömung kämpfen *(hat)*	*lutter contre le courant*

PHRASES

Die Erde dreht sich um die Sonne.

La terre tourne autour du soleil.

Wie ist das Wetter heute ?

Quel temps fait-il aujourd'hui ?

Heute ist schönes Wetter, die Sonne scheint.

Aujourd'hui il fait beau, il y a du soleil.

Es hat geregnet, die Luft ist feucht.

Il a plu, l'air est humide.

Wir sind im Regen spazierengegangen.
Nous nous sommes promenés sous la pluie.

Der Winter war mild, es hat nicht geschneit.
L'hiver a été doux, il n'a pas neigé.

Wenn es regnet, spielen die Kinder im Haus.
Quand il pleut les enfants jouent à la maison.

Auf Regen folgt Sonnenschein.
Après la pluie, le beau temps.

Im Sommer fahren wir ans Meer, im Winter ins Gebirge.
L'été, nous allons au bord de la mer, l'hiver, à la montagne.

Jeden Nachmittag gehen wir an den Strand.
Tous les après-midis nous allons à la plage.

EXERCICES

1. Associer les mots de la liste 1 avec ceux de la liste 2 pour former des paires logiques.

liste 1	der Regen	das Ufer	der Gipfel	der Horizont	das Metall	der Strand
liste 2	der Himmel	das Wasser	die See	der Fluß	der Boden	der Berg

Exemple : der Regen – das Wasser

1. ....

2. ....

3. ....

4. ....

5. ....

2. Chasser l'intrus (souligner le mot qui ne va pas avec les trois autres).

1.	frisch	warm	kühl	kalt
2.	der Stern	die Sonne	die Quelle	der Mond
3.	das Feuer	die See	der Ozean	das Wasser
4.	das Eisen	der Stein	das Gold	der Himmel
5.	der Bach	das Meer	der Fluß	der See
6.	der Wind	die Wolke	der Strand	der Nebel
7.	der Stein	der Stahl	das Eisen	das Silber
8.	die Insel	die Küste	das Ufer	der Strand
9.	der Regen	der Wind	der Schnee	die Wüste
10.	der Sand	die Pfütze	das Wasser	der Tropfen

3. Retrouver les cinq mots en remettant les lettres dans le bon ordre.

LMDLOVON	IGEGEBR	HFICESR	FÜZPET	NSEHNICE

4. Compléter les phrases suivantes en respectant la traduction.

1. Im Sommer schlafen wir oft ....
   En été nous dormons souvent à la belle étoile.
2. Meine Großmutter wohnt ....
   Ma grand-mère habite à la montagne.
3. Wir verbringen den Sommer ....
   Nous passons l'été au bord de la mer.
4. In dieser Gegend ist .... sehr ....
   Dans cette région le climat est très froid.

5. Ich habe einen .... am .... gesehen.
   J'ai vu un arc-en-ciel à l'horizon.

6. Die Winter sind sehr ...., es hat schon lange nicht mehr ....
   Les hivers sont très doux, il n'a plus neigé depuis longtemps.

7. In der .... gibt es keine .... ; es gibt nur ....
   Dans le désert il n'y a pas de terre ; il n'y a que du sable.

8. Heute ist .... sehr stark, es gibt viele ....
   Aujourd'hui le vent est très fort, il y a beaucoup de vagues.

9. Im .... gibt es auch ....
   Dans la jungle il y a aussi des montagnes.

10. Mein Vater liest jeden Tag den .... in der Zeitung.
    Mon père lit tous les jours le bulletin météorologique dans le journal.

4 Le monde qui nous entoure

das Land	la campagne
ländlich	champêtre, rustique
die Natur	la nature
das Naturschutzgebiet (e)	le parc naturel
die Landschaft (en)	le paysage
der Wald (¨er)	la forêt
die Wiese (n)	la prairie
das Feld (er)	le champ
die Landstraße (n)	la route
der Weg (e)	le chemin
der Schlamm	la boue, la vase
der Teich (e)	l'étang
der Tümpel (-)	la mare
der Kanal (¨e)	le canal
die Brücke (n)	le pont

das Dorf (¨er)	le village
dörflich	villageois
der Dorfbewohner (-)	le villageois
der Einwohner (-)	l'habitant
der Nachbar (n, n)	le voisin
das Nachbarhaus (¨er)	la maison voisine
der Bauer (n, n)	le paysan
der Landwirt (e)	l'agriculteur
die Landwirtschaft	l'agriculture
der Bauernhof (¨e)	la ferme
das Holz	le bois
das Heu	le foin
der Haufen (-)	le tas
der Stall (¨e)	l'écurie
der Mist	le fumier
die Stadt (¨e)	la ville
städtisch	urbain, municipal
der Städter (-)	le citadin
die Großstadt (¨e)	la grande ville
die Hauptstadt (¨e)	la capitale
die Stadtmitte (n)	le centre ville
das Zentrum (tren)	le centre
die Straße (n)	la rue
die Hauptstraße (n)	la rue principale
das Viertel (-)	le quartier
die Vorstadt (¨e)	la banlieue
der Vorort (e)	la ville de banlieue

das Denkmal (¨er)	le monument
das Gebäude (-)	le bâtiment
der Dom (e)	la cathédrale
die Kirche (n)	l'église
der Friedhof (¨e)	le cimetière
das Grab (¨er)	la tombe
die Glocke (n)	la cloche
das Rathaus (¨er)	la mairie
die Post	la poste
das Schloß (sses, össer)	le château
der Saal (Säle)	la salle
der Turm (¨e)	la tour
errichten *(hat)*	ériger

die Architektur	l'architecture
der Bau (Bauten)	la construction, le bâtiment

bauen *(hat)*	construire
das Gebäude (-)	l'immeuble
das Wohnhaus (¨er)	bâtiment
die Wohnung (en)	l'appartement
die Mauer (n)	le mur
der Stock	l'étage
das Stockwerk (e)	l'étage
das Erdgeschoß (sses, sse)	le rez-de-chaussée
das Untergeschoß (sses, sse)	le sous-sol
die Treppe (n)	l'escalier
die Stufe (n)	la marche
das Treppenhaus (¨er)	la cage d'escalier
das Dach (¨er)	le toit
der Dachboden (¨)	le grenier
der Keller (-)	la cave
der Wolkenkratzer (-)	le gratte-ciel
das Hochhaus (¨er)	le gratte-ciel
der Hausmeister (-)	le concierge, le gardien
der Fußgänger (-)	le piéton
die Fußgängerzone (n)	la zone piétonne
der Park (s)	le parc
der Platz (¨e)	la place
die Bank (¨e)	le banc

VERBES ET EXPRESSIONS

auf dem Land leben *(hat)*	*vivre à la campagne*
aufs Land fahren* *(ist)*	*aller à la campagne*
in der Vorstadt wohnen *(hat)*	*habiter en banlieue*
in die Stadt ziehen* *(ist)*	*déménager en ville*
im Wald spazieren/gehen* *(ist)*	*se promener dans la forêt*
auf dem Feld arbeiten *(hat)*	*travailler aux champs*
aufs Feld gehen* *(ist)*	*aller aux champs*
im Treppenhaus sein *(ist)*	*être dans l'escalier*
im Erdgeschoß wohnen *(hat)*	*habiter au rez-de-chaussée*
im dritten Stock wohnen *(hat)*	*habiter au troisième étage*
in der Fußgängerzone	*dans la zone piétonne*
auf der Straße spielen *(hat)*	*jouer dans la rue*
auf die Straße gehen* *(ist)*	*aller dans la rue*

PHRASES

Ich verbringe den Sommer bei meinen Großeltern auf dem Land.
Je passe l'été chez mes grands-parents à la campagne.

Entschuldigung, ich suche das Rathaus, wissen Sie, wo es ist ?
Excusez-moi, je cherche la mairie, savez-vous où elle est ?

Ich muß auf die Post gehen.
Il faut que j'aille à la poste.

Am Samstag gehen wir in der Fußgängerzone oder im Park spazieren.
Le samedi nous nous promenons dans la zone piétonne ou dans le parc.

Hast du die Katze gesehen ? Ja, sie sitzt auf dem Dach.
As-tu vu le chat ? Oui, il est assis sur le toit.

Unsere Wohnung liegt im vierten Stock.
Notre appartement est au quatrième étage.

Karl lebt auf einem Bauernhof, ich wohne in einer Wohnung.
Karl vit dans une ferme, j'habite dans un appartement.

Berlin ist die Hauptstadt Deutschlands.
Berlin est la capitale de l'Allemagne.

Der Weg führt durch den Wald.
Le chemin passe par la forêt.

Wir müssen über eine Brücke gehen.
Nous devons passer sur un pont.

EXERCICES

1. Associer les mots de la liste 1 avec ceux de la liste 2 pour former des mots composés, puis donner leur traduction.

liste 1	*das Dorf*	das Haus	das Land	die Stadt	der Nachbar	das Dach
liste 2	der Boden	das Haus	*die Schule*	die Mitte	der Meister	die Straße

Exemple : das Dorf – die Schule
die Dorfschule, l'école du village

1. ....

2. ....

3. ....

4. ....

5. ....

2. Chasser l'intrus (rayer le mot qui ne va pas avec les autres).

1.	der Dorfbewohner	der Städter	das Erdgeschoß	der Einwohner
2.	die Treppe	der Dachboden	die Mauer	der Teich
3.	die Fußgänger	die Kirche	das Schloß	der Turm
4.	der Schlamm	der Wald	der Wolkenkratzer	das Feld
5.	die Natur	das Land	die Landschaft	das Denkmal
6.	die Wohnung	das Rathaus	das Schloß	das Haus
7.	das Rathaus	der Dom	der Park	die Kirche
8.	das Heu	das Holz	der Mist	die Brücke
9.	der Weg	die Autobahn	die Hauptstraße	die Landstraße
10.	der Bewohner	der Hausmeister	der Nachbar	der Fußgänger

3. Compléter le texte avec les mots de la liste suivante.

Dachboden – Bauernhof – Brücke – Stockwerke – Bauern – Schloß – Keller – Teich – Turm – Haus – Land – Wald – Weg

Meine Eltern haben ein sehr schönes .... auf dem .... : Es ist sehr groß, fast ein kleines .... Es hat drei ...., einen .... und einen ...., es gibt sogar einen kleinen .... Vor dem Haus befindet sich ein .... und hinter dem Haus ein .... In der Nähe ist auch ein ...., und ich spiele manchmal mit den Kindern des .... Sie sind sehr nett. Der .... zum Bauernhof führt über eine .... Dieses Haus gefällt mir sehr.

4. Compléter les phrases suivantes en respectant la traduction.

1. Am Wochenende sind wir in einem .... spazierengegangen.
   Ce week-end nous nous sommes promenés dans un parc naturel.
2. Viele Leute arbeiten in der .... und wohnen in der ....
   Beaucoup de gens travaillent en ville et habitent en banlieue.

3. Die Kinder des .... spielen gern im ....

   Les enfants de la ferme aiment bien jouer dans le foin.

4. Diese .... führt durch einen ....

   Cette route traverse une forêt.

5. Unsere .... haben ein .... auf dem Land.

   Nos voisins ont un château à la campagne.

6. In dieser Gegend gibt es viele .... und schöne ....

   Dans cette région il y a beaucoup de forêts et de beaux villages.

7. Wir haben viele .... gesehen : ....

   Nous avons vu beaucoup de monuments : des cathédrales, des églises, des châteaux.

8. .... und .... befinden sich in demselben ....

   La mairie et la poste se trouvent dans le même bâtiment.

9. Dieser .... hat vier ....

   Cette tour a quatre étages.

10. Wir lagern .... auf dem ....

    Nous entreposons le bois dans le grenier.

Les transports 5

die Gefahr (en)	le danger
gefährlich	dangereux
die Vorsicht	la prudence
vorsichtig	prudent
auf/passen auf + A *(hat)*	faire attention à
die Panne (n)	la panne
geschehen* *(ist)*	se passer
etw. (A) **beschädigen** *(hat)*	endommager qch
der Unfall (¨e)	l'accident
jdn verletzen *(hat)*	blesser qn
die Verletzung (en)	la blessure
jdn retten *(hat)*	sauver qn
die Rettung (en)	le sauvetage
der Retter (-)	le sauveur
das Fahrzeug (e)	le véhicule
das Auto (s)	la voiture
der Wagen (-)	la voiture
der Lastwagen (-)	le camion
das Mofa (s)	la mobylette
das Moped (s)	le cyclomoteur
das Motorrad (¨er)	la moto
das Fahrrad (¨er)	la bicyclette
die Bremse (n)	le frein
bremsen *(hat)*	freiner
das Lenkrad (¨er)	le volant
der Sitz (e)	le siège
der Motor (en)	le moteur
der Reifen (-)	le pneu
die Scheibe (n)	la vitre
das Benzin	l'essence
die Tankstelle (n)	la station service
voll/tanken *(hat)*	faire le plein
der Verkehr	la circulation

der Fahrer (-)	le conducteur
die Fahrt (en)	le voyage
schnell	vite, rapide
langsam	lentement
die Straße (n)	1. la route, 2. la rue
die Schnellstraße (n)	la voie rapide
die Autobahn (en)	l'autoroute
die Ampel (n)	les feux tricolores
die Kreuzung (en)	le croisement
der Parkplatz (¨e)	la place de stationnement
der Anhalter (-)	l'autostoppeur
der Bus (ses, se)	le bus
die Bushaltestelle (n)	l'arrêt d'autobus
die Straßenbahn (en)	le tramway
die U-Bahn (en)	le métro
die U-Bahnstation (en)	la station de métro
die S-Bahn	le train de banlieue
das Ticket (s)	le billet
die Kontrolle (n)	le contrôle
kontrollieren *(hat)*	contrôler
die Bahn (en)	le chemin de fer
der Zug (¨e)	le train
der Bahnhof (¨e)	la gare
die Abfahrt (en)	le départ
die Ankunft	l'arrivée
das Flugzeug (e)	l'avion
der Flughafen (¨)	l'aéroport
die Flugkarte (n)	le billet d'avion
starten *(ist)*	décoller

landen ***(hat / ist)***	atterrir, se poser
das Schiff (e)	le navire
das Boot (e)	le bateau
der Dampfer (-)	le bâteau à vapeur
das Segelboot (e)	le bateau à voile
der Hafen (¨)	le port
fahren* ***(hat / ist)***	aller en véhicule
an/halten* ***(hat)***	s'arrêter
los/fahren* ***(ist)***	démarrer
sich verspäten ***(hat)***	prendre du retard
parken ***(hat)***	se garer
sich beeilen ***(hat)***	se dépêcher

VERBES ET EXPRESSIONS

in das Auto steigen* *(ist)*	*monter dans la voiture*
aus dem Bus steigen* *(ist)*	*descendre du bus*
in Paris ein/steigen* *(ist)*	*monter à Paris*
in Paris aus/steigen* *(ist)*	*descendre à Paris*
ein Auto überholen *(hat)*	*doubler une voiture*
am Bahnhof an/kommen* *(ist)*	*arriver à la gare*
auf den Bus warten *(hat)*	*attendre le bus*
den Wagen ab/laden* *(hat)*	*décharger la voiture*
auf die Autos auf/passen *(hat)*	*faire attention aux voitures*
mit dem Bus fahren* *(ist)*	*aller en bus*
mit dem Fahrrad fahren* *(ist)*	*aller à vélo*
eine Radtour machen	*faire une ballade en vélo*
mit dem Boot fahren* *(ist)*	*aller en bateau*
jn. vom Bahnhof ab/holen *(hat)*	*aller chercher qn à la gare*
per Anhalter fahren* *(ist)*	*faire de l'auto-stop*

PHRASES

In Paris ist es schwer, einen Parkplatz zu finden.
A Paris, c'est difficile de trouver une place pour se garer.

Ich fahre mit der Straßenbahn zur Schule.
Je vais à l'école en tramway.

Dieser Bus fährt zum Bahnhof.
Ce bus va à la gare.

Wann fährt der nächste Zug nach Berlin ?
Quand part le prochain train pour Berlin ?

Ich möchte eine Fahrkarte nach Paris bitte.
Je voudrais un billet pour Paris s'il vous plaît.

Kannst du mich heute nachmittag von der Schule abholen ?
Est-ce que tu peux venir me chercher à l'école cet après-midi ?

Ich habe mich verspätet, ich muß mich jetzt beeilen.
J'ai pris du retard, maintenant je dois me dépêcher.

Er hat einen Unfall mit einem Lastwagen auf der Autobahn gehabt.
Il a eu un accident avec un camion sur l'autoroute.

Sei vorsichtig, diese Schnellstraße ist gefährlich.
Soitsprudent, cette voie rapide est dangereuse.

Wir haben eine Viertelstunde auf den Bus gewartet.
Nous avons attendu le bus un quart d'heure.

EXERCICES

1. Répondre aux questions suivantes en indiquant seulement le lieu qui convient.

1. Wo wartet man auf den Bus ? ....
2. Wo wartet man auf das Flugzeug ? ....
3. Wo wartet man auf den Dampfer ? ....
4. Wo wartet man auf die U-Bahn ? ....
5. Wo wartet man auf den Zug ? ....

2. Traduire les phrases suivantes.

1. Où se trouve la gare ?

....

2 Je voudrais un ticket pour Lyon.

....

3. Quand part le prochain bus ?

....

4. Peux-tu venir me chercher à la gare ?

   ....

5. Où se trouve la prochaine pompe à essence ?

   ....

6. Est-ce que vous allez en ville ? (question posée au chauffeur du bus)

   ....

7. Quand part le prochain train ?

   ....

8. Comment va-t-on à l'aéroport ? (par un moyen de transport)

   ....

9. Pouvez-vous rouler plus lentement ?

   ....

10. Veux-tu y aller en voiture ou en train ?

   ....

3. Associer les mots de la liste 1 avec ceux de la liste 2 pour former des paires logiques.

liste 1	*das Schiff*	die Gefahr	die Kreuzung	der Motor	der Unfall	die Bahn
liste 2	die Verletzung	die Ampel	die Vorsicht	der Zug	*der Hafen*	die Bremse

Exemple : das Schiff – der Hafen

1. ....

2. ....

3. ....

4. ....

5. ....

4. Compléter les phrases suivantes en respectant la traduction.

1. Das Auto hat mich rechts ....
   La voiture m'a doublé à droite.
2. Wir haben kein .... mehr, wir müssen ....
   Nous n'avons plus d'essence, il faut faire le plein.
3. Dieser Mann hat mir das Leben ....
   Cet homme m'a sauvé la vie.
4. Du mußt auf die Autos ....
   Tu dois faire attention aux voitures.
5. Klaus wurde bei dem Unfall ....
   Klaus a été blessé dans l'accident.
6. Es war zu spät, er konnte nicht mehr ....
   C'était trop tard, il ne pouvait plus freiner.
7. Man muß .... fahren, besonders auf der ....
   Il faut rouler prudemment, surtout sur l'autoroute.
8. .... ist an einer .... geschehen.
   L'accident s'est produit à un croisement.
9. Mein Bruder hat ein ...., ich habe nur ein ....
   Mon frère à une moto, je n'ai qu'une mobylette.
10. Es ist heutzutage ...., ...
    zu fahren.
    De nos jours c'est dangereux de faire de l'auto-stop.

6 *Les médias, l'actualité*

die Aktualität (sg.)	l'actualité
aktuell	actuel
die Lage (n)	la situation
die Neuigkeit (en)	la nouvelle, la nouveauté
die Nachricht (en)	la nouvelle, l'information
die Bedeutung (en)	1. la signification 2. l'importance
bedeutend	important
die Wichtigkeit	l'importance
wichtig	important
der Anlaß (sses, ¨sse)	l'occasion
die Presse	la presse
die Zeitung (en)	le journal
die Tageszeitung	le quotidien
die Wochenzeitung	l'hebdomadaire
die Zeitschrift (en)	le magazine
die Illustrierte (n)	le magazine
der Journalist (en, en)	le journaliste
der Artikel (-)	l'article
das Interview (s)	l'interview
das Dokument (e)	le document
der Bericht (e)	le compte rendu
von etw. (D) **berichten** *(hat)*	faire le compte rendu de qch
die Anzeige (n)	l'annonce
die Nummer (n)	le numéro
das Radio (s)	la radio
der Hörer (-)	l'auditeur
das Fernsehen (sg.)	la télévision
der Fernseh-zuschauer (-)	le télé-spectateur
fern/sehen* *(hat)*	regarder la télévision
der Fernsehapparat (e)	le téléviseur
der Farbfernseher (-)	la télé-couleur (appareil)
die Nachrichten (pl.)	les informations
die Tagesschau	le journal télévisé
die Sendung (en)	l'émission
die Atomkraft (sg.)	l'énergie nucléaire
radioaktiv	radioactif
das Atomkraftwerk (e)	la centrale atomique
die Atomwaffe (n)	l'arme atomique
die Radioaktivität (sg.)	la radioactivité
die Katastrophe (n)	la catastrophe
der Ökologe (n, n)	l'écologiste
ökologisch	écologique
die Grünen (pl.)	les Verts
die Umwelt (sg.)	l'environnement
das Umweltproblem (e)	le problème de l'environnement
der Umweltschutz (sg.)	la protection de l'environnement
verschmutzen *(hat)*	salir, polluer
die Umweltver-schmutzung (sg.)	la pollution de l'environnement
die Luftver-schmutzung (sg.)	la pollution atmosphérique
zerstören *(hat)*	détruire

die Zerstörung (en)	la destruction
umweltbewußt	attentif à l'environnement
umweltfeindlich	polluant
umweltfreundlich	non-polluant
das Ozonloch	le trou dans la couche d'ozone

der Rassismus (sg.)	le racisme
der Asylbewerber (-)	le demandeur d'asile
der Flüchtling (e)	le réfugié, le fugitif
aus/wandern *(ist)*	émigrer
der Auswanderer (-)	l'émigré
ein/wandern *(ist)*	immigrer
der Einwanderer (-)	l'immigré
die Einwanderung	l'immigration
das Ausland	l'étranger (ensemble des pays étrangers)
der Ausländer (-)	l'étranger (de nationalité)
fremd	étranger
der Fremde (adj.)	l'étranger (qui n'est pas du coin)
die Heimat	le pays natal
die Heimatstadt (¨e)	la ville natale
das Heimweh	le mal du pays
jdn aus/weisen* *(hat)*	expulser qn
die Ausweisung (en)	l'expulsion

die Wirtschaft	l'économie
die Wirtschaftskrise (n)	la crise économique
die Arbeitslosigkeit	le chômage
der Arbeitslose (adj.)	le chômeur
das Arbeitsamt (¨er)	l'agence pour l'emploi (A.N.P.E.)
die Gewerkschaft (en)	le syndicat
der Streik (s)	la grève
streiken *(hat)*	faire grève

VERBES ET EXPRESSIONS

sich (A) für etw. (A) interessieren *(hat)*	*s'intéresser à qch*
eine Nachricht melden *(hat)*	*communiquer une nouvelle*
eine Nachricht erfahren* *(hat)*	*apprendre une nouvelle*
die Zeitung lesen* *(hat)*	*lire le journal*
eine Zeitschrift abonnieren *(hat)*	*s'abonner à une revue*
einen Artikel schreiben* *(hat)*	*écrire un article*
eine Anzeige in die Zeitung setzen *(hat)*	*mettre une annonce dans le journal*
Radio hören *(hat)*	*écouter la radio*
das Radio ein/schalten *(hat)*	*allumer la radio*
den Fernsehapparat aus/schalten *(hat)*	*éteindre la télévision*
sich (D) eine Sendung an/sehen* *(hat)*	*regarder une émission*

PHRASES

Ich interessiere mich sehr für die Aktualität.
Je m'intéresse beaucoup à l'actualité.

Ich lese jeden Tag eine Zeitung.
Je lis tous les jours un journal.

Christine will eine Jugendzeitschrift abonnieren.
Christine veut s'abonner à un magazine pour la jeunesse.

Die Schüler haben eine Zeitung gegründet.
Les élèves ont fondé un journal.

Meine Eltern sehen jeden Abend fern.
Mes parents regardent la télévision tous les soirs.

Morgen gibt es im Fernsehen eine Sendung über den Rassismus.
Demain il y a une émission sà la télévision sur le racisme .

Ich bin hier fremd.
Je ne suis pas d'ici.

Wenn ich im Ausland bin, habe ich Heimweh.
Quand je suis à l'étranger, j'ai le mal du pays.

Mein Vater ist arbeitslos, er geht jeden Tag zum Arbeitsamt.
Mon père est au chômage, il va tous les jours à l'A.N.P.E.

Wir müssen gegen die Umweltverschmutzung kämpfen.
Nous devons lutter contre la pollution.

EXERCICES

1. Associer les mots de la liste 1 avec ceux de la liste 2 pour former des mots composés, puis donner leur traduction.

liste 1	*das Atom*	die Umwelt	die Heimat	die Wirtschaft	die Arbeit	das Ozon
liste 2	das Amt	der Schutz	*die Kraft*	das Loch	die Krise	die Stadt

Exemple : das Atom – die Kraft
die Atomkraft, l'énergie nucléaire

1. ....

2. ....

3. ....

4. ....

5. ....

2. Retrouver les dix mots de la leçon qui se cachent dans cette grille, puis les écrire et donner leur traduction.

R	U	M	F	R	E	M	D	A	W
N	H	A	N	Z	E	I	G	E	I
D	E	N	I	E	B	A	K	D	R
U	M	W	E	L	T	P	O	I	T
A	H	U	R	B	A	R	L	U	S
W	I	W	O	H	I	E	A	H	C
I	O	N	B	E	K	S	G	E	H
C	N	U	F	I	O	S	E	D	A
H	R	M	A	M	B	E	H	U	F
T	F	M	W	A	I	H	E	L	T
I	H	E	R	T	R	A	D	I	O
G	A	R	E	L	O	F	U	W	U

1. ....

2. ....

3. ....

4. ....

5. ....

6. ....

7. ....

8. ....

9. ....

10. ....

3. Retrouver les cinq mots en remettant les lettres dans le bon ordre.

LSUADNA	RFZCIHTESIT	UKEGINTIE	GESNUDN	EZGINAE

4. Compléter les phrases suivantes en respectant la traduction.

1. Ich habe .... in die Zeitung ....
   J'ai passé une annonce dans le journal.
2. Es ist eine wichtige ....
   C'est une nouvelle importante.
3. Alexander ist ein ...., seine .... ist Polen.
   Alexandre est un étranger, son pays natal est la Pologne.
4. .... will ein .... machen.
   Le journaliste veut faire une interview.
5. Sie schreibt .... für verschiedene ....
   Elle écrit des articles pour différents magazines.
6. Ich bin nie im .... gewesen.
   Je ne suis jamais allé à l'étranger.
7. .... Produkte .... die Natur.
   Les produits polluants détruisent la nature.
8. Die .... verstärkt den ....
   La crise économique renforce le racisme.
9. Dieser Artikel .... von der .... der .... in Deutschland.
   Cet article fait le compte rendu de la situation des demandeurs d'asile en Allemagne.
10. Ich .... jeden Abend die .... an.
    Je regarde tous les soirs le journal télévisé.

Le commerce, l'argent 7

arm	pauvre
der Arme (adj.)	le pauvre
die Armut	la pauvreté
reich	riche
der Reiche (adj.)	le riche
der Reichtum (¨er)	la richesse
die Not	la misère
das Elend	la misère
unterstützen *(hat)*	soutenir, aider
die Unterstützung (en)	le soutien, l'aide
ab/hängen* von (D) *(hat)*	dépendre de
die Abhängigkeit	la dépendance
abhängig	dépendant
unabhängig	indépendant
das Geld	l'argent
das Taschengeld	l'argent de poche
das Portemonnaie (s)	le porte-monnaie
der Geldschein (e)	le billet de banque
die Banknote (n)	le billet de banque
das Geldstück (e)	la pièce de monnaie
die Kreditkarte (n)	la carte de crédit
die Mark (-)	le mark
der Pfennig (e)	le pfennig
die Bank (en)	la banque
das Kleingeld (er)	la monnaie
die Sparkasse (n)	la caisse d'épargne
das Bankkonto (s & ten)	le compte en banque
die Börse (n)	la bourse

die Aktie (n)	l'action
der Gewinn (e)	le gain
der Verlust (e)	la perte
die Steuer (n)	l'impôt
der Konsum (sg.)	la consommation
das Kaufhaus (¨er)	le grand magasin
der Supermarkt (¨e)	le supermarché
der Laden (¨)	la boutique
das Geschäft (e)	le magasin
das Lebensmittel-geschäft (e)	l'épicerie
das Schuhgeschäft (e)	le magasin de chaussures
der Markt (¨e)	le marché
der Flohmarkt (¨e)	le marché aux puces
die Konkurrenz	la concurrence
das Sonderangebot (e)	l'offre spéciale
die Werbung (en)	la publicité
die Reklame (n)	la publicité
das Schlagwort (¨er)	le slogan
das Plakat (e)	l'affiche
das Produkt (e)	le produit
die Ware (n)	la marchandise
der Kauf	l'achat
die Einkäufe (pl.)	les courses
der Preis (e)	le prix
teuer	cher
billig	bon marché
kostenlos	gratuit
die Kasse (n)	la caisse
das Schild (er)	l'enseigne
das Preisschild (er)	l'étiquette

das Schaufenster (-)	la vitrine	**ein/kaufen** *(hat)*	faire des courses
der Einkaufswagen (-)	le caddie	**verkaufen** *(hat)*	vendre
der Händler (-)	le marchand	**bezahlen** *(hat)*	payer
der Verkäufer (-)	le vendeur	**zahlen** *(hat)*	payer
die Verkäuferin (nen)	la vendeuse	**kosten** *(hat)*	coûter
der Leiter (-)	le directeur, le chef	**sparen** *(hat)*	économiser
die Leitung	la direction	**entwickeln** *(hat)*	développer
der Käufer (-)	l'acheteur	**ermöglichen** *(hat)*	rendre possible
der Kunde (n, n)	le client	**geben*** *(hat)*	donner
kaufen *(hat)*	acheter	**reichen** *(hat)*	suffire

VERBES ET EXPRESSIONS

auf die Bank gehen* *(ist)*	*aller à la banque*
bei der Bank arbeiten *(hat)*	*travailler à la banque*
ein Bankkonto eröffnen *(hat)*	*ouvrir un compte en banque*
Geld verdienen *(hat)*	*gagner de l'argent (salaire)*
Geld gewinnen* *(hat)*	*gagner de l'argent (au jeu)*
Geld verlieren* *(hat)*	*perdre de l'argent*
Geld aus/geben* *(hat)*	*dépenser de l'argent*
Geld brauchen *(hat)*	*avoir besoin d'argent*
Geld wechseln *(hat)*	*changer de l'argent*
eine Hose um/tauschen *(hat)*	*échanger un pantalon*
an der Börse spekulieren *(hat)*	*jouer en bourse*
ein Geschäft eröffnen *(hat)*	*ouvrir une boutique*
ein Geschäft führen *(hat)*	*tenir une boutique*
zum Supermarkt gehen* *(ist)*	*aller au supermarché*
Einkäufe machen *(hat)*	*faire des courses*
einkaufen gehen* *(ist)*	*aller faire des courses*

PHRASES

Ich habe kein Geld mehr, ich muß auf die Bank gehen.

Je n'ai plus d'argent, il faut que j'aille à la banque.

Mein Vater hat mir 50 Mark gegeben, ich werde mir einen Pullover kaufen.

Mon père m'a donné 50 marks, je vais m'acheter un pull-over.

Wieviel kostet dieser Pullover ? Er kostet 30 Mark.

Combien coûte ce pull-over ? Il coûte 30 marks.

Haben Sie Kleingeld ? – Nein, ich habe nur Geldscheine.

Avez-vous de la monnaie ? – Non, je n'ai que des billets.

Ich bekomme fünfzehn Mark Taschengeld pro Woche.

Je reçois quinze marks d'argent de poche par semaine.

Meine Eltern bezahlen hohe Steuern.

Mes parents payent beaucoup d'impôts.

Dieses Kleid ist zu kurz, ich möchte es bitte umtauschen.

Cette robe est trop courte, je voudrais l'échanger s'il vous plaiî.

Meine Schwester ist Verkäuferin in einem Supermarkt.

Ma sœur est vendeuse dans un supermarché.

Heute nachmittag gehen wir einkaufen.

Cet après-midi, nous allons faire des courses.

Ich habe diese Werbung im Fernsehen gesehen.

J'ai vu cette publicité à la télévision.

EXERCICES

1. Nier les affirmations suivantes en employant le contraire des mots soulignés.

Exemple : Klaus ist von seinen Eltern unabhängig.
Nein, er ist nicht unabhängig, sondern abhängig.

1. Bei diesem Händler ist alles billig.

   ....

2. Nikolaus hat ein Fahrrad verkauft.

   ....

3. Diese Familie ist sehr reich.

   ....

4. Dieser Pullover ist teuer.

   ....

5. Mein Bruder gibt viel Geld aus.

   ....

6. Paul hat viel Geld an der Börse gewonnen.

   ....

2. Associer les mots de la liste 1 avec ceux de la liste 2 pour former des mots composés, puis donner leur traduction.

liste 1	*der Schuh*	das Geld	die Bank	die Tasche	der Floh	der Kredit
liste 2	der Schein	der Markt	die Note	die Karte	*das Geschäft*	das Geld

Exemple : der Schuh, das Geschäft
das Schuhgeschäft, le magasin de chaussures

1. ....
2. ....
3. ....
4. ....
5. ....

3. Relier un des éléments numérotés 1 à 5 à un des éléments numérotés a à e. Ecrire la phrase obtenue.

1.	Paul verdient viel Geld,	a.	er möchte sie kaufen.
2.	Fritz hat eine schöne Hose gesehen,	b.	er hat ein Konto bei der Sparkasse eröffnet.
3.	Hans arbeitet in einem Supermarkt,	c.	er ist einkaufen gegangen.
4.	Heinrich will Geld sparen,	d.	er ist Verkäufer.
5.	Mein Vater ist nicht zu Hause,	e.	er ist reich.

1. ....
2. ....
3. ....
4. ....
5. ....

4. Compléter les phrases suivantes en respectant la traduction.

1. Ich habe einen schönen Rock im .... gesehen.
   J'ai vu une jolie jupe dans la vitrine.
2. Wir gehen jeden Sonntag auf ....
   Nous allons aux puces tous les dimanches.
3. Franz hat .... verloren.
   Franz a perdu son porte-monnaie.
4. Mein Vater führt ....
   Mon père tient une épicerie.
5. Es gibt zu viel .... und .... in der Welt.
   Il y a trop de pauvreté et de misère dans le monde.
6. Anna .... kein Geld, sie braucht .... ihrer Eltern.
   Anne ne gagne pas d'argent, elle a besoin du soutien de ses parents.
7. Die Jacke ist sehr ...., es ist ....
   La veste est très bon marché, c'est une offre spéciale.
8. Dieses .... ist eine .... für einen neuen

   ....
   Cette affiche est une publicité pour un nouveau supermarché.
9. Wieviel .... hast du auf der .... ?
   Combien d'argent as-tu à la caisse d'épargne ?
10. Wir haben viel ...., wir brauchen einen ....
    Nous avons beaucoup de choses à acheter, il nous faut un caddie.

8 *Le travail, les métiers*

der Beruf (e)	le métier
der Job (s)	le boulot
berufstätig	qui est dans la vie active
der Berufstätige (adj.)	le travailleur, l'actif
arbeiten *(hat)*	travailler
die Arbeit (en)	le travail
arbeitsam	travailleur
arbeitslos	qui est au chômage
die Arbeitslosigkeit	le chômage
tüchtig	compétent, efficace
die Teilzeitarbeit (en)	le travail à temps partiel
der Lohn (¨e)	le salaire, la récompense
das Gehalt (¨er)	le traitement (salaire)
die Karriere (n)	la carrière
die Rente (n)	la retraite
der Rentner (-)	le retraité
die Ausbildung (en)	la formation
jdn aus/bilden *(hat)*	former qn
die Entlassung (en)	le licenciement
der Entlassungsbrief (e)	la lettre de licenciement
jdn entlassen* *(hat)*	licencier qn
der Vorschlag (¨e)	la proposition
vor/schlagen* *(hat)*	proposer
sich (A) **in etw.** (D) **aus/kennen*** *(hat)*	s'y connaître dans qch
die Ausbeutung (sg.)	l'exploitation
jn. aus/beuten *(hat)*	exploiter qn
jdn aus/nutzen *(hat)*	profiter de, utiliser qn
die Beschäftigung	l'occupation

sich (A) **mit etw.** (D) **beschäftigen** *(hat)*	s'occuper de qch
der Händler (-)	le marchand
der Kaufmann (leute)	le commerçant
das Geschäfte (e)	l'affaire
der Geschäftsmann (leute)	l'homme d'affaires
der Metzger (-)	le boucher
die Metzgerei (en)	la boucherie
der Fleischer (-)	le boucher
die Fleischerei (en)	la boucherie
der Bäcker (-)	le boulanger
die Bäckerei (en)	la boulangerie
der Konditor (en)	le pâtissier
die Konditorei (en)	la pâtisserie
der Friseur (e)	le coiffeur
der Buchhändler (-)	le libraire
die Buchhandlung (en)	la librairie
der Juwelier (e)	le bijoutier
das Juweliergeschäft (e)	la bijouterie
der Blumenhändler (-)	le fleuriste
der Handwerker (-)	l'artisan
der Fachmann (leute)	le spécialiste
der Lehrling (e)	l'apprenti
der Elektriker (-)	l'électricien
der Klempner (-)	le plombier
der Maurer (-)	le maçon
die Näherin (nen)	la couturière
der Schlosser (-)	le serrurier
der Schuster (-)	le cordonnier
der Koch (¨e)	le cuisinier
der Drucker (-)	l'imprimeur
die Druckerei (en)	l'imprimerie

der Vertreter (-)	le représentant
die Fabrik (en)	l'usine
der Arbeiter (-)	l'ouvrier
der Gastarbeiter (-)	le travailleur immigré
der Hausmeister (-)	le gardien, le concierge
die Krankenschwester (n)	l'infirmière
der Krankenpfleger (-)	l'infirmier
der Fahrer (-)	le chauffeur
der Pilot (en, en)	le pilote
der Gärtner (-)	le jardinier
der Angestellte (adj.)	l'employé
das Büro (s)	le bureau
der Beamte (adj.)	le fonctionnaire
der Kollege (n, n)	le collègue
der Bibliothekar (e)	le bibliothécaire
der Dolmetscher (-)	l'interprète
der Diplomat (en, en)	le diplomate
der Notar (e)	le notaire
der Inspektor (en)	l'inspecteur
der Ingenieur (e)	l'ingénieur
der Wissenschaftler (-)	le scientifique
der Chemiker (-)	le chimiste
der Physiker (-)	le physicien
die Sekretärin (nen)	la secrétaire
der Buchhalter (-)	le comptable

VERBES ET EXPRESSIONS

einen Beruf aus/üben *(hat)*	*exercer une profession*
den Beruf wechseln	*changer de profession*
gut verdienen	*bien gagner sa vie*
arbeitslos sein	*être au chômage*
als Büroangestellter arbeiten *(hat)*	*travailler comme employé de bureau*
bei der Post arbeiten *(hat)*	*travailler à la poste*
jdm eine Arbeit verschaffen *(hat)*	*procurer un travail à qn*
einen Koch ein/stellen *(hat)*	*embaucher un cuisinier*
die Arbeiter aus/beuten	*exploiter les ouvriers*
Karriere machen *(hat)*	*faire carrière*
zum Friseur gehen* *(ist)*	*aller chez le coiffeur*
beim Friseur sein *(ist)*	*être chez le coiffeur*
vom Friseur kommen* *(ist)*	*venir de chez le coiffeur*
in Rente gehen* *(ist)*	*partir à la retraite*
in Rente sein *(ist)*	*être à la retraite*

PHRASES

Was ist deine Mutter von Beruf ? – Meine Mutter ist Krankenschwester.
Quelle est la profession de ta mère ? – Ma mère est infirmière.

Klaus arbeitet als Koch in einem kleinen Restaurant.
Klaus travaille comme cuisinier dans un petit restaurant.

Die Fabrik hat dreißig Arbeiter entlassen.
L'usine a licencié trente ouvriers.

Der Schuster hat einen neuen Lehrling eingestellt.
Le cordonnier a embauché un nouvel apprenti.

Er will den Beruf wechseln.
Il veut changer de profession.

Unser Sohn möchte Ingenieur werden.
Notre fils veut être ingénieur.

Wieviel verdienst du ? – Ich verdiene 3000 Mark im Monat.
Combien gagnes-tu ? – Je gagne 3000 marks par mois.

Meine Haare sind zu lang, ich muß zum Friseur gehen.
Mes cheveux sont trop longs, il faut que j'aille chez le coiffeur.

Ihr Mann ist seit einem Jahr arbeitslos.
Son mari est au chômage depuis un an.

In unserem Dorf gibt es keine Bäckerei.
Dans notre village il n'y a pas de boulangerie.

EXERCICES

1. Répondre aux questions suivantes.

1. Wo arbeitet der Bäcker ? ....
2. Wo arbeitet der Buchhändler ? ....
3. Wo arbeitet der Konditor ? ....
4. Wo arbeitet der Fleischer ? ....
5. Wo arbeitet die Sekretärin ? ....

2. Compléter les phrases suivantes par la préposition qui convient.

1. Anna kauft Brot, sie ist .... Bäcker.
2. Meine Schuhe sind kaputt, ich gehe .... Schuster.
3. Claudia hat eine neue Frisur, sie kommt .... Friseur.
4. Was bist du von Beruf ? – Ich arbeite .... einem Ingenieur.
5. Herr Müller geht nächstes Jahr .... Rente.

3. Retrouver les mots en remettant les lettres dans le bon ordre.

RLETOCDHMSE	HLIGNELR	EDKREWHNRA	LPERKNEM	RERTEVRET

4. Compléter les phrases suivantes en respectant la traduction.

1. Meine Eltern sind beide ....
   Mes parents sont tous les deux fonctionnaires.
2. Es gibt mehr .... als ....
   Il y a plus d'infirmières que d'infirmiers.
3. Hugo arbeitet viel, er will ....
   Hugo travaille beaucoup, il veut faire carrière.
4. Claudia will .... werden.
   Claudia veut être fleuriste.
5. Mein Vater ist ...., er arbeitet mit .... zusammen.
   Mon père est interprète, il travaille avec des diplomates.
6. Frau Hauser ist nicht mehr ...., sie ist in ....
   Madame Hauser n'est plus dans la vie active, elle est à la retraite.
7. Drei .... wurden vor einem Monat ....
   Trois employés ont été licenciés il y a un mois.
8. In dieser .... werden die Arbeiter ....
   Dans cette usine les travailleurs sont exploités.
9. Es gibt keine .... unter den ....
   Il n'y a pas de travailleurs immigrés parmi les fonctionnaires.
10. Das Krankenhaus hat neue Krankenschwestern ....
    L'hôpital a embauché de nouvelles infirmières.

9 L'école

die Schule (n)	l'école
die Klasse (n)	la classe
der Klassenraum (¨e)	la salle de classe
der Hof (¨e)	la cour d'école
die Pause (n)	la récréation, la pause
die Grundschule (n)	l'école élémentaire
das Gymnasium (sien)	le lycée
der Schüler (-)	l'élève
der Mitschüler (-)	le camarade d'école
der Unterricht (sg.)	l'enseignement, le cours
die Unterrichtsstunde (n)	l'heure de cours
die Nachhilfestunde (n)	le cours particulier
der Stundenplan (¨e)	l'emploi du temps
jdn etw. (A) **lehren** *(hat)*	enseigner qch à qn
jdm etw. (A) **bei/bringen*** *(hat)*	apprendre qch à qn
der Lehrer (-)	le professeur
etw. (A) **lernen** *(hat)*	apprendre qch
das Abitur	le baccalauréat
der Abiturient (en, en)	le bachelier
die Universität (en)	l'université
der Student (en, en)	l'étudiant
das Studium	les études
das Medizinstudium	les études de médecine
studieren *(hat)*	étudier, faire des études
das Fach (¨er)	la matière
die Physik	la physique
die Chemie	la chimie
die Biologie	la biologie
die Mathematik	les mathématiques
die Grammatik	la grammaire
die Geschichte	l'histoire
die Erdkunde	la géographie
die Landeskunde	la civilisation
die Philosophie	la philosophie
die Fremdsprache (n)	la langue étrangère
Deutsch (sans article)	l'allemand
Englisch (sans article)	l'anglais
Latein (sans article)	le latin
die Biologiestunde (n)	le cours de biologie
die Biologieaufgabe (n)	le devoir de biologie
die Biologielektion (en)	la leçon de biologie
der Biologie-lehrer (-)	le professeur de biologie
die Lektion (en)	la leçon
die Hausaufgabe (n)	le devoir à la maison
der Aufsatz (¨e)	la rédaction
die Übung (en)	l'exercice
das Diktat (e)	la dictée
diktieren	dicter
die Prüfung (en)	l'examen
prüfen *(hat)*	vérifier, tester
mündlich	oral
schriftlich	écrit
das Ergebnis (ses, se)	le résultat
einfach	simple, facile
leicht	facile

schwer	difficile
richtig	bien, juste, correct
falsch	faux
der Fehler (-)	la faute
die Schultasche (n)	le cartable
der Füller (-)	le stylo plume
der Kugelschreiber (-)	le crayon à bille
der Bleistift (e)	le crayon à papier
die Tinte	l'encre
das Lineal (e)	la règle
das Schulbuch (¨er)	le livre scolaire
das Heft (e)	le cahier
das Papier (e)	le papier
das Blatt (¨er)	la feuille
der Zettel (-)	le bout de papier
die Tafel (n)	le tableau
die Kreide (n)	la craie
das Zeugnis (ses, se)	le bulletin scolaire

die Note (n)	la note
ausgezeichnet	excellent
gut	bon
mittelmäßig	moyen
ausreichend	passable
schwach	faible
schlecht	mauvais
der Erfolg (e)	le succès
erfolgreich	couronné de succès
das Lob (sg.)	l'éloge, les félicitations
jdn loben *(hat)*	féliciter qn
die Belohnung (en)	la récompense
der Fleiß	l'application
fleißig	appliqué, studieux
die Faulheit	la paresse
faul	paresseux
der Fortschritt (e)	le progrès
die Schwierigkeit (en)	la difficulté
sitzen/bleiben* *(ist)*	redoubler

VERBES ET EXPRESSIONS

mit Müh' und Not	*à grand-peine*
zur Schule gehen* *(ist)*	*aller à l'école*
Unterricht haben *(hat)*	*avoir classe*
die Schüler ab/fragen *(hat)*	*interroger les élèves*
an die Tafel gehen* *(ist)*	*aller au tableau*
an die Tafel schreiben* *(hat)*	*écrire au tableau*
sich (D) Mühe geben* *(hat)*	*se donner de la peine*
auswendig lernen *(hat)*	*apprendre par cœur*
auf den Hof gehen* *(ist)*	*aller dans la cour*
Nachhilfestunden geben* *(hat)*	*donner des cours particuliers*
Fortschritte machen *(hat)*	*faire des progrès*
eine Prüfung bestehen* *(hat)*	*réussir un examen*
jdn von der Schule ab/holen *(hat)*	*aller chercher qn à l'école*

PHRASES

Mein Bruder ist zweimal sitzengeblieben.
Mon frère a redoublé deux fois.

Am Mittwoch nachmittag haben wir frei.
Le mercredi après-midi nous n'avons pas cours.

Barbara arbeitet sehr fleißig, sie hat ein gutes Zeugnis.
Barbara travaille avec beaucoup d'application, elle a un bon bulletin.

Paul hat seine Prüfung bestanden.
Paul a réussi son examen.

Ich gehe aufs Gymnasium, und mein kleiner Bruder geht in die Grundschule.
Je vais au lycée et mon petit frère va à l'école primaire.

In der Schule habe ich Deutsch und Englisch gelernt.
A l'école, j'ai appris l'allemand et l'anglais.

Ich habe mir viel Mühe gegeben.
Je me suis donné beaucoup de mal.

Das Ergebnis ist falsch, du hast einen Fehler gemacht.
Le résultat est faux, tu as fait une erreur.

Heute haben wir keine Hausaufgaben.
Aujourd'hui nous n'avons pas de devoirs.

Vanessa ist schlecht in Französisch, aber sie ist gut in Mathematik.
Vanessa est mauvaise en français mais elle est bonne en mathématiques.

EXERCICES

1. Chasser l'intrus (rayer le mot qui ne va pas avec les autres).

1.	die Physik	die Mathematik	die Geschichte	die Biologie
2.	der Schüler	der Student	der Abiturient	der Lehrer
3.	der Fleiß	die Übung	das Diktat	der Aufsatz
4.	die Kreide	der Zettel	der Bleistift	die Feder
5.	der Fehler	der Erfolg	der Fortschritt	der Fleiß
6.	Deutsch	Englisch	Philosophie	Latein

7.	die Schule	die Universität	das Gymnasium	der Füller
8.	erfolgreich	ausgezeichnet	ausreichend	gut
9.	die Prüfung	die Tinte	die Tafel	das Heft
10.	lehren	lernen	prüfen	beibringen

2. Associer les mots de la liste 1 avec ceux de la liste 2 pour former des mots composés, puis donner leur traduction.

liste 1	*Latein*	die Schule	der Unterricht	die Klasse	die Schule	das Haus
liste 2	die Stunde	das Buch	die Tasche	der Raum	*der Lehrer*	die Aufgabe

Exemple : Latein – der Lehrer
der Lateinlehrer, le professeur de latin

1 ....

2 ....

3 ....

4 ....

5 ....

3. Nier les phrases suivantes en employant le contraire des mots en caractères gras.

1. Paul hat eine **schlechte** Note bekommen.

   ....

2. Ralf ist ein **fleißiger** Schüler.

   ....

3. Diese Übung ist sehr **schwer**.

   ....

4. Diese Antwort ist **richtig.**

   ....

5. Es ist eine **mündliche** Prüfung.

   ....

6. Hans ist ein **ausgezeichneter** Schüler.

   ....

4. Compléter les phrases suivantes en respectant la traduction.

1. Klaus macht viele ...., er hat immer .... Noten.
   Klaus fait beaucoup de fautes, il a toujours des mauvaises notes.

2. Der .... schreibt eine .... an die ....
   Le professeur écrit un exercice au tableau.

3. Eva hat .... gemacht, nun ist sie eine .... Schülerin.
   Eva *a fait des progrès, maintenant c'est une bonne élève.*

4. Paul vergißt oft seine .... und seine ....
   Paul oublie souvent ses livres et ses cahiers.

5. Wieviel .... hast du am Montag ?
   Combien d'heures de cours as-tu le lundi ?

6. Mein Bruder .... Biologie.
   Mon frère fait des études de biologie.

7. Nina ist sehr .... in Mathe, sie braucht ....
   Nina est très faible en maths, il lui faut des cours particuliers.

8. Ist es eine .... oder eine .... Prüfung ?
   Est-ce un examen écrit ou oral ?

9. Während der .... gehen die Schüler auf den ....
   Pendant la récréation les élèves vont dans la cour.

10. Die Schüler müssen die Lektion .... lernen.
    Les élèves doivent apprendre la leçon par cœur.

Les vacances 10

der Urlaub (sg.)	le congé
die Ferien (pl.)	les vacances
die Sommerferien (pl.)	les vacances d'été
die Winterferien (pl.)	les vacances d'hiver
reisen *(ist)*	voyager
verreisen *(ist)*	partir en voyage
die Reise (n)	le voyage
die Gruppenreise (n)	le voyage organisé
der Teilnehmer (-)	le participant
der Aufenthalt (e)	le séjour
der Ausflug (¨e)	l'excursion
der Tourismus	le tourisme
der Tourist (en, en)	le touriste
das Reisebüro (s)	l'agence de voyages
das Verkehrsamt (¨er)	le syndicat d'initiative
der Prospekt (e)	le prospectus, le dépliant
die Absicht (en)	l'intention
der Plan (¨e)	le projet
der Ferienplan (¨e)	le projet de vacances
die Entscheidung (en)	la décision
sich (A) **nach etw.** (D) **erkundigen** *(hat)*	se renseigner sur qch
jdm etw. (A) **an/bieten*** *(hat)*	offrir, proposer qch à qn
das Angebot (e)	l'offre
vor/bereiten *(hat)*	préparer
die Vorbereitung (en)	les préparatifs
packen *(hat)*	faire ses bagages
das Gepäck (sg.)	les bagages
der Koffer (-)	la valise
laden* *(hat)*	charger

mit/nehmen* *(hat)*	emporter, emmener
die Landkarte (n)	la carte géographique
ab/fahren* *(ist)*	partir
die Abfahrt (en)	le départ
der See (n)	le lac
das Meer (e)	la mer
der Strand (¨e)	la plage
der Sonnenschirm (e)	le parasol
der Sonnenbrand (¨e)	le coup de soleil
die Seeluft	l'air marin
die Seerundfahrt (en)	le tour du lac
das Gebirge (sg.)	la montagne
wandern *(ist)*	faire de la marche à pied, randonner
die Wanderung (en)	la marche, la randonnée
der Wanderer (-)	le randonneur
das Abenteuer (-)	l'aventure
die Ausrüstung (sg.)	l'équipement
der Stock (¨e)	le bâton
der Rucksack (¨e)	le sac à dos
der Ski (er)	le ski
das Land (¨er)	le pays
die Landschaft (en)	le paysage
das Ausland (sg.)	l'étranger (ensemble des pays)
besichtigen *(hat)*	visiter
das Schloß (sses, ¨sser)	le château
die Besichtigung (en)	la visite
die Grenze (n)	la frontière
überschreiten* *(hat)*	franchir

der Paß **(sses, ¨sse)**	le passeport
das Visum **(sen)**	le visa
der Zoll **(¨e)**	la douane
die Ansichtskarte **(n)**	la carte postale
der Ausblick	le panorama, la vue
der Brief **(e)**	la lettre
die Adresse **(n)**	l'adresse
die Briefmarke **(n)**	le timbre-poste
der Briefkasten **(-)**	la boîte aux lettres
der Briefträger **(-)**	le facteur
das Foto **(s)**	la photo
das Fotoalbum **(ben)**	l'album de photos
der Fotoapparat **(e)**	l'appareil-photo
fotografieren ***(hat)***	prendre en photo

großartig	grandiose
herrlich	magnifique
das Hotel **(s)**	l'hôtel
übernachten ***(hat)***	passer la nuit
das Einzelzimmer **(-)**	la chambre simple
das Doppelzimmer **(-)**	la chambre double
der Campingplatz **(¨e)**	le camping
das Zelt **(e)**	la tente
zelten	faire du camping
der Schlafsack **(¨e)**	le sac de couchage
der Wohnwagen **(-)**	la caravane
die Jugendherberge **(n)**	l'auberge de jeunesse
der Schlafsaal **(säle)**	le dortoir

VERBES ET EXPRESSIONS

seinen Koffer packen	*faire sa valise*
in die Ferien fahren* *(ist)*	*partir en vacances*
auf Urlaub sein *(ist)*	*être en congé*
in einem Hotel ab/steigen* *(ist)*	*descendre dans un hôtel*
eine Reise machen *(hat)*	*faire un voyage*
einen Ausflug machen *(hat)*	*faire une excursion*
eine Reise unternehmen* *(hat)*	*entreprendre un voyage*
an einer Reise teil/nehmen* *(hat)*	*participer à un voyage*
aus den Ferien zurück/kommen* *(ist)*	*rentrer de vacances*
an das Verkehrsamt schreiben* *(hat)*	*écrire au syndicat d'initiative*
die Reise verlängern *(hat)*	*rallonger le voyage*
sich (A) in einem Land auf/halten* *(hat)*	*séjourner dans un pays*
eine Entscheidung treffen* *(hat)*	*prendre une décision*
Vorbereitungen für etw. (A) treffen* *(hat)*	*faire des préparatifs pour qch*
das Zelt auf/bauen *(hat)*	*monter la tente*
im Zelt schlafen* *(hat)*	*dormir sous la tente*
Ski fahren* *(ist)*	*faire du ski*
einen Sonnenbrand bekommen* *(hat)*	*prendre un coup de soleil*

PHRASES

Dieses Jahr reisen wir nach Deutschland.
Cette année nous partons en voyage en Allemagne.

Wir verbringen die Winterferien im Gebirge.
Nous passons les vacances d'hiver à la montagne.

Wir fahren morgen in die Ferien; ich muß meine Koffer packen.
Nous partons demain en vacances ; il faut que je fasse mes bagages.

Wir haben noch keine Ferienpläne für den Sommer.
Nous n'avons pas encore de projets de vacances pour l'été.

Wir haben die Grenze heute morgen überschritten.
Nous avons passé la frontière ce matin.

Wir schlafen im Zelt, das Hotel ist zu teuer.
Nous dormons sous la tente, l'hôtel est trop cher.

Wir sind in einem billigen Hotel abgestiegen.
Nous sommes descendus dans un hôtel pas cher.

Wir sind gestern abend aus den Ferien zurückgekommen.
Nous sommes rentrés de vacances hier soir.

Mein Vater macht immer viele Fotos : Er will alles fotografieren.
Mon père prend toujours beaucoup de photos : il veut tout photographier.

Meine Freundin Rebecca hat viele Städte besichtigt.
Mon amie Rebecca a visité beaucoup de villes.

EXERCICES

1. Associer les mots de la liste 1 avec ceux de la liste 2 pour former des mots composés, puis donner leur traduction.

liste 1	*das Foto*	die Ferien	der Winter	die Welt	der Brief	das Land
liste 2	der Kasten	die Ferien	*der Apparat*	die Karte	die Pläne	die Reise

Exemple : das Foto – der Apparat
der Fotoapparat, l'appareil-photo

1. ....

2. ....

3. ....

4. ....

5. ....

2. Trouver la bonne solution, puis réécrire les phrases suivantes.

1. Wir sind in Ferien, wir besichtigen ....

   a) einen Briefkasten *b) einen Rucksack* *c) ein Schloß*

   ....

2. Florian will einen Brief ....

   a) fotografieren *b) schreiben* *c) packen*

   ....

3. Während der Ferien schlafen wir in ....

   a) einer Jugendherberge *b) einem Reisebüro* *c) einem Visum*

   ....

4. Ich will eine Grenze überschreiten, ich brauche ....

   a) eine Briefmarke *b) einen Paß* *c) einen Sonnenschirm*

   ....

5. Wenn man den ganzen Tag am Strand verbringt, bekommt man ....

   a) einen Wanderer *b) einen Ausblick* *c) einen Sonnenbrand*

   ....

3. Retrouver les cinq mots en remettant les lettres dans le bon ordre.

KSATBORDNR	WRETAEBNE	DHCFATNALS	SEKINAREBFT	TUFANLATEH

4. Compléter les phrases suivantes en respectant la traduction.

1. Franz hat keinen ...., er kann .... nicht überschreiten.
   Franz n'a pas de passeport, il ne peut pas passer la frontière.
2. Meine Mutter ist .... in einem ....
   Ma mère est secrétaire dans une agence de voyage.
3. Ich muß noch .... und .... kaufen.
   Je dois encore acheter une valise et une carte géographique.
4. Am Wochenende wollen wir einen .... machen.
   Ce week-end nous voulons faire une excursion.
5. .... ist schon vorbeigekommen, aber es gibt keinen .... im ....
   Le facteur est déjà passé mais il n'y a pas de lettre dans la boîte aux lettres.
6. Die Eltern schlafen .... und die Kinder ....
   Les parents dorment dans la caravane et les enfants sous la tente.
7. Es gibt keine .... in dieser Stadt, wir müssen im Hotel ....
   Il n'y a pas d'auberge de jeunesse dans cette ville, nous devons passer la nuit à l'hôtel.
8. Wir haben noch keine .... für die Ferien ....
   Nous n'avons pas encore pris de décision pour les vacances.
9. Für die .... brauche ich einen .... und einen ....
   Pour la randonnée j'ai besoin d'un sac à dos et d'un bâton.
10. Ich habe keine Lust, ... teilzunehmen.
    Je n'ai pas envie de participer à un voyage organisé.

11 *Le sport*

der Sport	le sport
der Sportler (-)	le sportif
der Sportlehrer (-)	le professeur d'éducation physique
sportlich	sportif
der Verein (e)	l'association, le club
der Trainer (-)	l'entraîneur
trainieren *(hat)*	s'entraîner
das Stadion (dien)	le stade
der Umkleideraum (¨e)	le vestiaire
üben *(hat)*	s'exercer
die Übung (en)	l'exercice
versuchen *(hat)*	essayer
der Versuch (e)	l'essai, la tentative
der Vorteil (e)	l'avantage
der Nachteil (e)	le désavantage
der Wettbewerb (e)	le concours
der Wettkampf (¨e)	la compétition
der Wettlauf (¨e)	la compétition
schwimmen* *(hat / ist)*	nager
der Schwimmsport	la natation
baden *(hat)*	se baigner
das Schwimmbad (¨er)	la piscine
das Freibad (¨er)	la piscine en plein air
das Hallenbad (¨er)	la piscine couverte
der Schwimmverein (e)	le club de natation
die Badehose (n)	le slip de bain
der Badeanzug (¨e)	le maillot de bain
tauchen *(hat / ist)*	plonger
auf/tauchen *(ist)*	remonter à la surface

der Ball (¨e)	le ballon
der Fußball	le football
das Fußballspiel (e)	le match de football
der Fußballspieler (-)	footballer
der Fußballverein (e)	le club de foot
der Handball	le handball
der Volleyball	le volley-ball
die Mannschaft (en)	l'équipe
das Tor (e)	le but
die Leichtathletik	l'athlétisme
der Lauf (¨e)	la course
der Dauerlauf (¨e)	la course d'endurance
laufen* *(ist)*	courir
atemlos	hors d'haleine
ein/holen *(hat)*	rattraper
werfen* *(hat)*	jeter, lancer
der Sprung (¨e)	le saut
der Weitsprung	le saut en longueur
der Hochsprung	le saut en hauteur
springen* *(hat / ist)*	sauter
das Schlittschuhlaufen	le patinage
der Schlittschuh (e)	le patin (chaussure)
der Schlittschuhläufer (-)	le patineur
die Eissporthalle (n)	la patinoire
Schlittschuh laufen* *(ist)*	faire du patin
der Skisport	le ski
der Wintersport	les sports d'hiver
die Gymnastik	la gymnastique

die Turnhalle (n)	le gymnase
turnen *(hat)*	faire de la gymnastique
die Brücke (n)	le pont
die Kerze (n)	la chandelle
das Rad (¨er)	la roue
das Tennis	le tennis
der Tennisschläger (-)	la raquette
das Tennisspiel (e)	le match de tennis
das Tischtennis	le tennis de table
der/das Pingpong	le ping-pong
das Federballspiel	le badminton
der Federball (¨e)	le volant de badminton
das Fahrrad (¨er)	le vélo
rad/fahren* *(ist)*	faire du vélo
der Radfahrer (-)	le cycliste
das Radrennen (-)	la course cycliste
die Radtour (en)	la randonnée à vélo
reiten* *(ist)*	faire du cheval, monter à cheval
der Reiter (-)	le cavalier
die Reitkunst	l'équitation
die Reitschule (n)	l'école d'équitation

VERBES ET EXPRESSIONS

Sport treiben* *(hat)*	*faire du sport*
Schwimmsport treiben* *(hat)*	*faire de la natation*
ins Schwimmbad gehen* *(ist)*	*aller à la piscine*
schwimmen können *(hat)*	*savoir nager*
Schlittschuh laufen* *(ist)*	*patiner, faire du patinage*
Ski laufen* *(ist)*	*faire du ski*
Tennis spielen *(hat)*	*jouer au tennis*
Fußball spielen *(hat)*	*jouer au fottball*
ein Tor schießen* *(hat)*	*marquer un but*
einem Sportverein an/gehören *(hat)*	*faire partie d'un club de sport*
an einem Wettkampf teil/nehmen* *(hat)*	*participer à une compétition*
einen Wettkampf veranstalten *(hat)*	*organiser une compétition*

PHRASES

Mein Bruder ist Fußballspieler, er trainiert täglich sechs Stunden.
Mon frère est footballer, il s'entraîne six heures par jour.

Treibst du Sport ? Ja, ich treibe Leichtathletik und Schwimmsport.
Est-ce que tu fais du sport ? Oui, je fais de l'athlétisme et de la natation.

Samstag nachmittag gehen wir ins Schwimmbad, kommst du mit ?
Samedi après-midi nous allons à la piscine, tu viens avec nous ?

Willst du am Sonntag eine Radtour mit mir machen ?
Est-ce que tu veux faire une randonnée à vélo avec moi dimanche ?

Paul und Claudia spielen jeden Mittwoch Tennis.
Paul et Claudia font du tennis tous les mercredis.

Wir haben das Spiel drei zu null gewonnen.
Nous avons gagné le match trois à zéro.

Unsere Mannschaft hat schon wieder verloren.
Notre équipe a encore perdu.

Kannst du radfahren ? Ja, und ich kann auch schwimmen.
Est-ce que tu sais faire du vélo ? Oui, et je sais aussi nager.

Sie läuft hundert Meter in dreizehn Sekunden.
Elle court un cent mètres en treize secondes.

Im Winter laufe ich gern Schlittschuh.
L'hiver, j'aime bien faire du patin à glace.

EXERCICES

1. Remettre de l'ordre dans ces phrases et les réécrire.

1. jeden – muß – üben – Paul – Tag

   ....

2. spiele – Tennis – gern – ich

   ....

3. voll – das – schönem – Freibad – bei – ist – Wetter

   ....

4. Winter – Ski – wir – im – fahren

   ....

5. Fußball – in – spiele – einem – ich – Verein

   ....

2. Retrouver les dix mots de la leçon qui se cachent dans cette grille, puis les écrire et donner leur traduction.

S	B	E	L	N	A	L	A	U	F
V	U	W	E	R	F	E	N	E	R
E	S	B	F	A	H	R	R	A	D
I	P	A	H	B	E	A	U	T	O
B	O	L	V	I	R	N	W	O	T
U	R	L	U	W	S	U	I	R	E
V	T	S	P	R	U	N	G	A	N
E	L	E	L	N	K	H	J	O	N
R	E	W	S	H	A	T	N	G	I
E	R	O	E	B	J	S	O	R	S
I	V	I	F	R	E	I	B	A	D
N	L	A	W	O	G	A	R	T	E

1. ....

2. ....

3. ....

4. ....

5. ....

6. ....

7. ....

8. ....

9. ....

10. ....

3. Chasser l'intrus (rayer le mot qui ne va pas avec les autres).

1.	schwimmen	üben	baden	tauchen
2.	laufen	springen	werfen	turnen
3.	das Tischtennis	der Federball	der Handball	der Pingpong
4.	der Sprung	die Brücke	das Rad	der Kopfstand

5.	der Trainer	der Reiter	der Dauerlauf	der Radfahrer
6.	der Umkleideraum	der Schwimmsport	die Leichtathletik	die Gymnastik
7.	die Turnhalle	der Tennisschläger	der Ball	das Fahrrad
8.	der Handball	der Wintersport	der Skisport	das Schlittschuhlaufen
9.	das Stadion	das Tor	das Schwimmbad	die Eissporthalle
10.	reiten	laufen	schwimmen	einholen

4. Compléter les phrases suivantes en respectant la traduction.

1. Nach .... bin ich immer ....
   Après la course d'endurance, je suis toujours hors d'haleine.
2. Hast du .... gesehen ? – Ja, er ist im ....
   As-tu vu l'entraîneur ? Oui, il est dans le vestiaire.
3. Ich spiele .... in ....
   Je joue au handball dans un club.
4. Claudia hat ihren .... vergessen.
   Claudia a oublié son maillot de bain.
5. Wir gehen in ...., wir wollen .... laufen.
   Nous allons à la patinoire, nous voulons faire du patin à glace.
6. Christine lernt .... in einer ....
   Christine apprend à monter à cheval dans une école d'équitation.
7. Unsere .... hat den .... gewonnen.
   Notre équipe a gagné la compétition.
8. Elie kann ...., aber er kann nicht ....
   Elie sait nager mais il ne sait pas plonger.
9. Peter .... sehr schnell, er hat mich ....
   Peter court très vite, il m'a rattrapé.
10. Wir haben noch kein einziges Tor ....
    Nous n'avons pas encore marqué un seul but.

Le corps 12

der Körper (-)	le corps
der Körperteil (e)	la partie du corps
das Glied (er)	le membre
die Haut	la peau
der Schönheitsfleck (e)	le grain de beauté
die Sommersprossen (pl.)	les taches de rousseur
der Nerv (en)	le nerf
der Muskel (n)	le muscle
der Knochen (-)	l'os

der Kopf (¨e)	la tête
das Gehirn	le cerveau
das Gesicht (er)	le visage
das Haar (e)	les cheveux
die Stirn	le front
das Ohr (en)	l'oreille
das Auge (n)	l'œil
die Wange (n)	la joue
die Nase (n)	le nez
der Mund (¨er)	la bouche
die Lippe (n)	la lèvre
der Zahn (¨e)	la dent
die Zunge (n)	la langue
das Kinn	le menton
der Bart	la barbe
der Schnurrbart	la moustache
der Hals	le cou

die Brust (¨e)	la poitrine
das Herz (ens, en)	le cœur
das Blut	le sang
der Blutdruck	la tension artérielle
die Lunge (n)	le poumon
der Rücken	le dos
die Schulter (n)	l'épaule

der Arm (e)	le bras
die Hand (¨e)	la main
die Faust (¨e)	le poing
der Finger (-)	le doigt
der Daumen (-)	le pouce
der Bauch	le ventre
die Leber	le foie
der Magen	l'estomac
das Bein (e)	la jambe
der Schenkel (-)	la cuisse
das Knie (-)	le genou
die Wade (n)	le mollet
der Fuß (¨e)	le pied

die Schönheit (en)	la beauté
schön	beau
süß	mignon
niedlich	mignon
hübsch	joli
die Häßlichkeit	la laideur
häßlich	laid
braun	châtain
rothaarig	roux
grau	gris
blond	blond
lang	long
kurz	court
kahl	chauve
blauäugig	aux yeux bleus
nackt	nu
hell	clair
dunkel	foncé
die Größe (n)	la taille
groß	grand
klein	petit
das Gewicht (e)	le poids
wiegen* *(hat)*	peser
dick	gros

schlank	mince
mager	maigre
schwach	faible
die Schwäche (n)	la faiblesse
stark	fort
die Stärke (n)	la force
die Kraft (¨e)	la force
kräftig	fort, vigoureux
ähnlich	pareil, semblable
atmen *(hat)*	respirer
ein/atmen *(hat)*	inspirer
aus/atmen *(hat)*	expirer
bewegen *(hat)*	bouger, mouvoir
die Bewegung (en)	le mouvement
greifen* *(hat)*	saisir
hinken *(hat)*	boîter
hocken *(hat)*	être accroupi
ab/nehmen* *(hat)*	maigrir
zu/nehmen* *(hat)*	grossir
aus/sehen* *(hat)*	avoir l'air de

VERBES ET EXPRESSIONS

1,70 Meter groß sein	*mesurer 1,70 mètre*
120 Pfund wiegen*	*peser 60 kilos*
Rückenschmerzen haben	*avoir mal au dos*
von Kopf bis Fuß	*des pieds à la tête*
unter vier Augen	*en tête à tête, entre quatre-z-yeux*
vor meinen Augen	*sous mes yeux*
sich (D) die Haare schneiden lassen* *(hat)*	*se faire couper les cheveux*
die Zunge heraus/strecken *(hat)*	*tirer la langue*
jdm eine Ohrfeige geben* *(hat)*	*donner une gifle à qn*
mit den Achseln zucken *(hat)*	*hausser les épaules*
sich (D) die Zähne putzen *(hat)*	*se brosser les dents*
mit den Zähnen knirschen *(hat)*	*grincer des dents*
Gesichter schneiden* *(hat)*	*faire des grimaces*
Sommersprossen kriegen *(hat)*	*attraper des tâches de rousseur*

PHRASES

Wie sieht deine Freundin aus ? Sie ist blauäugig und hat langes, blondes Haar.

Comment est ton amie ? Elle a les yeux bleus et de longs cheveux blonds.

Wie groß ist er ? Er hat ungefähr meine Größe.

Combien mesure-t-il ? Il fait à peu près ma taille.

Wieviel wiegst du ? Ich wiege 108 Pfund.

Combien pèses-tu ? Je pèse 54 kilos.

Ich habe in diesem Winter sechs Pfund zugenommen.

J'ai grossi de trois kilos cet hiver.

Natacha ist sehr schlank, sie wiegt nur achtzig Pfund.

Natacha est très mince, elle ne pèse que quarante kilos.

Dieses Kind ist sehr niedlich.

Cet enfant est très mignon.

Man spricht nicht mit vollem Mund.

On ne parle pas la bouche pleine.

Anna ist gestürzt und kann den linken Arm nicht mehr bewegen.

Anna est tombée et ne peut plus bouger le bras gauche.

Mein Vater hat sich einen Bart wachsen lassen.

Mon père s'est laissé pousser la barbe.

Paul sieht seinem Vater sehr ähnlich.

Paul ressemble beaucoup à son père.

EXERCICES

1. Nier les phrases suivantes en utilisant le contraire des mots en caractères gras.

1. Claudia hat **zugenommen**.

   ....

2. Mein Bruder ist **stark**.

   ....

3. Frau Müller ist **dick**.

   ....

4. Klaus ist **groß**.

   ....

5. Jan hat **kurzes** Haar.

   ....

6. Anna hat eine **helle** Haut.

   ....

7. Das Kind war **angekleidet**.

....

8. Jürgen ist ein **schönes** Kind.

....

9. Nina hat **schwarze** Haare.

....

10. Hermann hat **blaue** Augen.

....

2. Associer les mots de la liste 1 avec ceux de la liste 2 pour former des paires logiques.

liste 1	*der Mund*	das Kinn	die Hand	der Schenkel	der Bauch	die Lunge
liste 2	die Brust	die Faust	der Magen	das Bein	der Bart	*der Zahn*

Exemple : der Mund – der Zahn

1. ....

2. ....

3. ....

4. ....

5. ....

3. Trouver la bonne solution, puis compléter les phrases suivantes.

1. Ich habe zu viel gegessen, ich habe ....

   a) Bauchschmerzen *b) Kopfschmerzen* *c) Halsschmerzen*

2. Mein Vater hat mir eine Ohrfeige gegeben, ... tut mir weh.

   a) die Lunge *b) die Schulter* *c) die Wange*

3. Wenn die Sonne scheint, kriege ich immer ....

   a) einen Schnurrbart *b) Sommersprossen* *c) einen Daumen*

4. Philipp hat viel Kraft, er hat starke ....

a) Zungen *b) Muskeln* *c) Knochen*

5. Nach dem Essen muß man sich die Zähne ....

a) knirschen *b) bewegen* *c) putzen*

4. Compléter les phrases suivantes en respectant la traduction.

1. Der Mensch hat zwei ...., zwei .... und ....
   L'homme a deux jambes, deux bras et une tête.
2. Sophie hat eine schöne .... mit vielen ....
   Sophie a une belle peau avec beaucoup de grains de beauté.
3. Jakob ist .... und hat ....
   Jakob est roux et il a des taches de rousseur.
4. Mein Vater ist ....
   Mon père est chauve.
5. Das .... ist ein ....
   Le cœur est un muscle.
6. Pauls .... ist rot, sein Vater hat ihm eine .... gegeben.
   La joue de Paul est rouge, son père lui a donné une gifle.
7. Die Kinder .... Gesichter und .... die Zunge heraus.
   Les enfants font des grimaces et tirent la langue.
8. Der Deutschlehrer trägt einen ....
   Le professeur d'allemand porte une moustache.
9. Mein Vater .... immer mit den ....
   Mon père hausse toujours les épaules.
10. Ich kann nicht mehr durch die ....
    Je n'arrive plus à respirer par le nez.

13 *Les vêtements*

die Kleider (pl.) / **die Kleidung** (sg.)	les vêtements
der Mantel (¨)	le manteau
der Regenmantel (¨)	l'imperméable
der Anzug (¨e)	le costume
der Cordanzug (¨e)	le costume de velours côtelé
die Weste (n)	le gilet
die Jacke (n)	la veste
das Hemd (en)	la chemise
die Bluse (n)	le chemisier
das Kleid (er)	la robe
der Rock (¨e)	la jupe
die Jeans (pl.)	le jean
die Hose (n)	le pantalon
die Cordhose (n)	le pantalon de velours côtelé
der Pullover (-)	le pull-over
der Pyjama (s)	le pyjama

der Stoff (e)	le tissu
die Wolle (n)	la laine
die Baumwolle (n)	le coton
die Seide (n)	la soie
der Samt (e)	le velours

der Kragen (-)	le col
der Ärmel (-)	la manche
der Knopf (¨e)	le bouton
die Tasche (n)	la poche
der Gürtel (-)	la ceinture
die Krawatte (n)	la cravate
der Schal (s)	l'écharpe
der Handschuh (e)	le gant

die Brille (n)	la paire de / les lunettes
die Sonnenbrille (n)	les lunettes de soleil
die Handtasche (n)	le sac-à-main
das Taschentuch (¨er)	le mouchoir
der Regenschirm (e)	le parapluie
der Hut (¨e)	le chapeau
die Mütze (n)	la casquette, le bonnet
der Helm (e)	le casque

die Schminke (sg.)	le maquillage
sich (A) **schminken** *(hat)*	se maquiller
das Parfum (s)	le parfum
die Frisur (en)	la coiffure
der Kamm (¨e)	le peigne
kämmen *(hat)*	peigner
der Schmuck (sg.)	les bijoux
das Band (¨er)	le ruban
das Halsband (¨er)	le collier
das Armband (¨er)	le bracelet
der Ring (e)	la bague
der Ohrring (e)	la boucle d'oreille

der Schuh (e)	la chaussure
der Stiefel (-)	la botte
das Paar (e)	la paire
der Absatz (¨e)	le talon
das Leder	le cuir
die Socke (n)	la chaussette
der Strumpf (¨e)	le bas
die Strumpfhose (n)	le collant

die Wäsche (sg.)	le linge
waschen* *(hat)*	laver
die Waschmaschine (n)	la machine à laver

das Waschmittel (-)	la lessive
bügeln *(hat)*	repasser
das Bügeleisen (-)	le fer à repasser
der Bügel (-)	le cintre
nähen *(hat)*	coudre
der Nähkasten (¨)	la boîte à couture
die Nähmaschine (n)	la machine à coudre
das Loch (¨er)	le trou
die Modellpuppe (n)	le mannequin (dans une vitrine)

die Mode (n)	la mode
das Modell (e)	le modèle
der Stil	le style
schick	chic
elegant	élégant
auffällig	excentrique, extravagant
modern	moderne
altmodisch	démodé
neu	neuf
eng, knapp	juste, étroit
weit	ample

VERBES ET EXPRESSIONS

ein Kleid an/haben* *(hat)*	*porter une robe*
einen Rock an/probieren *(hat)*	*essayer une jupe*
ein Hemd an/ziehen* *(hat)*	*mettre une chemise*
einen Schal um/binden*	*mettre une écharpe*
ein Kind an/ziehen* *(hat)*	*habiller un enfant*
die Hose aus/ziehen* *(hat)*	*enlever son pantalon*
ein Kind aus/ziehen* *(hat)*	*déshabiller un enfant*
die Jacke auf/hängen *(hat)*	*suspendre sa veste*
den Mantel zu/knöpfen *(hat)*	*boutonner son manteau*
sich (A) modisch kleiden *(hat)*	*s'habiller à la mode*
sich (D) das Haar kämmen *(hat)*	*se peigner les cheveux*
die Wäsche waschen* *(hat)*	*faire la lessive*

PHRASES

Heute ziehe ich meinen neuen Rock an.

Aujourd'hui je mets ma nouvelle jupe.

Mathilde hängt ihren Mantel auf einen Bügel.

Mathilde accroche son manteau sur un cintre.

Mit diesem Hut siehst du sehr schön aus.
Tu es très belle avec ce chapeau.

Sie hatte ein sehr elegantes Kleid an.
Elle portait une robe très élégante.

Kannst du die Wäsche bitte aufhängen ?
Peux-tu suspendre le linge s'il te plaît ?

Diese Hose steht dir gut.
Ce pantalon te va bien.

Ich muß meine Bluse bügeln.
Il faut que je repasse mon chemisier.

Odile trägt immer hohe Absätze.
Odile porte toujours des hauts talons.

Julie hat zum Geburtstag einen Ring bekommen.
Julie a reçu une bague pour son anniversaire.

Ich habe zugenommen, ich kann meine Jacke nicht mehr zuknöpfen.
J'ai grossi, je ne peux plus boutonner ma veste.

EXERCICES

1. Associer les mots de la liste 1 avec ceux de la liste 2 pour former des mots composés, puis donner leur traduction.

liste 1	*der Regen*	die Hand	der Baum	das Ohr	der Arm	der Strumpf
liste 2	das Band	die Wolle	*der Schirm*	die Hose	der Schuh	der Ring

Exemple : der Regen – der Schirm
der Regenschirm, le parapluie

1. ....

2. ....

3. ....

4. ....

5. ....

2. Trouver la bonne solution, puis réécrire les phrases suivantes.

1. Die Sonne scheint, ich brauche ....

   a) eine Krawatte *b) eine Sonnenbrille* *c) ein Taschentuch*

   ....

2. Klara hat zugenommen, ihre Kleider sind jetzt zu ....

   a) eng *b) altmodisch* *c) auffällig*

   ....

3. Es ist sehr kalt, ich brauche ....

   a) einen Helm *b) einen Gürtel* *c) einen Schal*

   ....

4. Die Kinder gehen ins Bett, sie müssen ihren Pyjama ....

   a) waschen *b) anziehen* *c) nähen*

   ....

5. Meine Großmutter ist sehr elegant, sie trägt immer ....

   a) ein Loch *b) einen Kamm* *c) einen Hut*

   ....

3. Chasser l'intrus (rayer le mot qui ne va pas avec les autres).

1.	der Kragen	der Ärmel	der Knopf	der Helm
2.	der Handschuh	der Stiefel	der Strumpf	die Socke
3.	die Seide	der Samt	das Band	die Wolle
4.	der Mantel	die Brille	die Jacke	der Pullover
5.	kämmen	nähen	zuknöpfen	bügeln
6.	der Hut	der Absatz	der Helm	die Mütze
7.	die Jeans	der Rock	die Hose	die Bluse
8.	die Brille	der Schal	der Stoff	die Krawatte
9.	elegant	altmodisch	schick	modern
10.	der Schmuck	die Schminke	das Parfum	der Bügel

4. Compléter les phrases suivantes en respectant la traduction.

1. Ich habe meine Jacke ...., jetzt muß ich sie ....
   J'ai lavé ma veste, maintenant il faut que je la repasse.

2. Ich habe einen .... und einen .... gekauft.
   J'ai acheté un parapluie et un imperméable.

3. Der Deutschlehrer ist sehr ...., er trägt immer einen .... und eine ....
   Le professeur d'allemand est très élégant, il porte toujours un costume et une cravate.

4. Sonja trägt eine .... aus .... und einen .... aus ....
   Sonja porte un chemisier en soie et une jupe en velours.

5. Es ist kalt, ziehe deine .... an und binde deinen .... um.
   Il fait froid, mets tes gants et ton écharpe.

6. Diese Hose ist .... und jene ist zu ....
   Ce pantalon est démodé et celui-ci est trop excentrique.

7. .... sind im ....
   Il y a des rubans dans la boîte à couture.

8. Im Winter trage ich lieber .... als ....
   L'hiver j'aime mieux porter des collants que des bas.

9. Ich habe drei Röcke ...., die waren aber alle zu ....
   J'ai essayé trois jupes mais elles étaient toutes trop étroites.

10. Wir haben ein neues .... und eine neue .... gekauft.
    Nous avons acheté un nouveau fer à repasser et une nouvelle machine à laver.

La vie et la mort 14

das Leben	la vie
leben ***(hat)***	vivre
die Lebensgefahr **(sg.)**	le danger de mort
der Tod	la mort
der Selbstmord **(e)**	le suicide
sterben* ***(ist)***	mourir
der Tote **(adj.)**	le mort
die Geburt **(en)**	la naissance
wachsen* ***(ist)***	grandir
das Wachstum	la croissance
das Alter	l'âge
alt	âgé, vieux
der Alte **(adj.)**	le vieux
jung	jeune
der Jugendliche **(adj.)**	le jeune
die Jugend	la jeunesse

schlafen* ***(hat)***	dormir
der Schlaf	le sommeil
ein/schlafen* ***(ist)***	s'endormir
auf/wachen ***(ist)***	se réveiller
wach	éveillé
jdn wecken ***(hat)***	réveiller qn
der Wecker **(-)**	le réveil
träumen ***(hat)***	rêver
der Traum **(¨e)**	le rêve
der Alptraum **(¨e)**	le cauchemar
müde	fatigué
die Müdigkeit	la fatigue
erschöpft	épuisé
sich **(A)** **entspannen** ***(hat)***	se détendre
die Entspannung	la détente
sich **(A)** **erholen** ***(hat)***	se reposer, se remettre

die Erholung	le repos, la détente
der Atem	le souffle, la respiration
atmen ***(hat)***	respirer
blasen* ***(hat)***	souffler
spucken ***(hat)***	cracher
gähnen ***(hat)***	bâiller
schnarchen ***(hat)***	ronfler
stöhnen ***(hat)***	soupirer, gémir
weinen ***(hat)***	pleurer
die Träne **(n)**	la larme
schwitzen ***(hat)***	transpirer, suer
der Schweiß	la sueur
zittern ***(hat)***	trembler
ertragen* ***(hat)***	supporter

die Gesundheit	la santé
gesund	en bonne santé ; bon pour la santé
ungesund	mauvais pour la santé
schädlich	nocif, nuisible
die Krankheit **(en)**	la maladie
die Wunde **(n)**	la blessure
krank	malade
sich **(A)** **erkälten**	prendre froid
das Krankenhaus **(¨er)**	l'hôpital
der Doktor **(en)**	le docteur
der Arzt **(¨e)**	le médecin
der Zahnarzt **(¨e)**	le dentiste
der Augenarzt **(¨e)**	l'ophtalmologiste
der Patient **(en, en)**	le patient

das Wartezimmer (-)	la salle d'attente
das Medikament (e) / die Arznei (en)	le médicament
die Apotheke (n)	la pharmacie
jdn heilen ***(hat)***	guérir qn
heilen ***(ist)***	guérir (un mal guérit)
wieder gesund sein / werden* ***(ist)***	guérir (qn guérit)
die Besserung	le rétablissement

das Fieber	la fièvre
die Temperatur (en)	la température
die Grippe	la grippe
die Angina	l'angine
der Husten	la toux
husten ***(hat)***	tousser
der Schnupfen	le rhume
der Krebs	le cancer
der Herzschlag	la crise cardiaque
der Wahnsinn	la folie
wahnsinnig	fou
die Narbe (n)	la cicatrice
die Kopfschmerzen (pl.)	le mal de tête
die Zahnschmerzen (pl.)	le mal de dent

der Schmerz (en)	la douleur
das Leiden (-)	la souffrance
die Klage (n)	la plainte
klagen ***(hat)***	se plaindre
leiden* ***(hat)***	souffrir
weh tun* ***(hat)***	faire mal
wirken ***(hat)***	faire de l'effet, agir
die Wirkung (en)	l'effet
wirksam	efficace
schlimm	grave
harmlos	bénin
heilbar	guérissable
unheilbar	incurable
überleben ***(hat)***	survivre

VERBES ET EXPRESSIONS

am Leben sein *(ist)*	*être en vie*
ein Kind erwarten *(hat)*	*attendre un enfant*
schwanger sein *(ist)*	*être enceinte*
geboren sein *(ist)*	*être né*
sich (D) eine Krankheit holen *(hat)*	*attraper une maladie*
Selbstmord begehen* *(hat)*	*se suicider*
Kopfschmerzen haben *(hat)*	*avoir mal à la tête*
die Temperatur messen* *(hat)*	*prendre la température*
an einem Herzschlag sterben* *(ist)*	*mourir d'une crise cardiaque*
im Alter von 78 Jahren	*à l'âge de 78 ans*

vor Hunger sterben* *(ist)*	*mourir de faim*
im Krankenhaus liegen* *(hat)*	*être à l'hôpital*
einen Kranken pflegen *(hat)*	*soigner un malade*
einen Traum haben *(hat)*	*faire un rêve*
den Wecker stellen *(hat)*	*mettre le réveil*

PHRASES

Wie alt bist du ? Ich bin 15 Jahre alt.
Quel âge as-tu ? J'ai 15 ans.

Wann bist du geboren ? Ich bin am 2. Juli 1980 geboren.
Quand est-ce que tu es né ? Je suis né le 2 juillet 1980.

Meine Großmutter ist 90 Jahre alt und noch immer gesund.
Ma grand-mère a 90 ans et elle est toujours en bonne santé.

Mein Großvater ist an einem Herzschlag gestorben.
Mon grand-père est mort d'une crise cardiaque.

Mache dir keine Sorgen, du wirst bald wieder gesund.
Ne te fais pas de soucis : tu vas bientôt guérir.

Wir müssen den Wecker auf 6 Uhr stellen.
Nous devons mettre le réveil à 6 heures.

Er leidet oft an Kopfschmerzen.
Il souffre souvent de maux de tête.

Die Wunde ist sehr schnell geheilt.
La blessure a guéri très vite.

Ich muß zur Apotheke gehen, ich brauche ein Medikament gegen Schnupfen.
Il faut que j'aille à la pharmacie, j'ai besoin d'un médicament contre le rhume.

Der linke Fuß tut mir weh.
J'ai mal au pied gauche.

EXERCICES

1. Retrouver les cinq mots en remettant les lettres dans le bon ordre.

LTAMPURA	THAMWCUS	RHACSNHECN	KAPTEOHE	TNCEZHSIW

2. Associer les mots de la liste 1 avec ceux de la liste 2 pour former des mots composés puis donner leur traduction.

liste 1	*der Kranke*	das Leben	der Zahn	der Kopf	das Zimmer	das Herz
liste 2	die Schmerzen	die Gefahr	der Schlag	der Arzt	*das Haus*	warten

Exemple : der Kranke – das Haus
das Krankenhaus, l'hôpital

1. ....
2. ....
3. ....
4. ....
5. ....

3. Relier un des éléments numérotés 1 à 10 à un des éléments numérotés a à j. Ecrire la phrase obtenue.

1.	Klaus muß sich entspannen,	a.	weil sein Bruder sehr laut schnarcht.
2.	Paul weint,	b.	weil er Fieber hat.
3.	Nikolaus hat den Wecker gestellt,	c.	weil er sehr müde ist.
4.	Viktor kann nicht einschlafen,	d.	weil er nicht warm genug angezogen war.
5.	Jan liegt im Krankenhaus,	e.	weil er keine Medikamente nimmt.
6.	Hans hat Kopfschmerzen,	f.	weil er Schnupfen hat.
7.	Marco hat sich eine Krankheit geholt,	g.	weil er zu viel gearbeitet hat.
8.	Tobias wird nicht wieder gesund,	h.	weil er einen Alptraum gehabt hat.
9.	Michael muß seine Temperatur messen,	i.	weil er Krebs hat.
10.	Peter muß zu Hause bleiben,	j.	weil er sehr früh aufstehen muß.

1. ....

2. ....

3. ....

4. ....

5. ....

6. ....

7. ....

8. ....

9. ....

10. ....

4. Compléter les phrases suivantes en respectant la traduction.

1. Ralf hat den ganzen Abend ...., er war ....
   Ralf a bâillé toute la soirée, il était épuisé.
2. Gisela hat eine .... gehabt, sie muß sich ....
   Gisela a eu une angine, elle doit se reposer.
3. Ich habe ...., ich muß zum .... gehen.
   J'ai mal aux dents, il faut que j'aille chez le dentiste.
4. Mein Vater hat eine große .... auf der ....
   Mon père a une grande cicatrice sur la joue.
5. Du ...., ich kann nicht ....
   Tu ronfles, je ne peux pas m'endormir.
6. Kannst du mich morgen um 7 Uhr .... ?
   Peux-tu me réveiller à 7 heures demain ?
7. Klaus hat sich eine Krankheit ...., es ist eine .... oder eine ....
   Klaus a attrapé une maladie, c'est une grippe ou une angine.
8. Herr Moll ist im Krankenhaus .... ; er hat sehr ....
   Monsieur Moll est mort à l'hôpital ; il a beaucoup souffert.
9. Ich war sehr ...., aber ich konnte nicht ....
   J'étais très fatigué mais je n'arrivais pas à m'endormir.
10. Frau Lilie ist sehr .... geworden, sie hat ihre ganze Familie ....
    Madame Lilie est morte très âgée, elle a survécu à toute sa famille.

15 *La famille et les amis*

die Familie (n)	la famille
die Eltern (pl.)	les parents
die Mutter (¨), **Mutti**	la mère, maman
der Vater (¨), **Vati**	le père, papa
das Kind (er)	l'enfant
das Musterkind (er)	l'enfant modèle
das Einzelkind (er)	l'enfant unique
die Tochter (¨)	la fille
der Sohn (¨e)	le fils
der Bruder (¨)	le frère
die Schwester (n)	la sœur
die Geschwister (pl.)	les frères et sœurs
der Zwilling (e)	le jumeau
die Verwandtschaft	la parenté
die Großeltern (pl.)	les grands-parents
die Großmutter (¨)	la grand-mère
Oma	mami
der Großvater (¨)	le grand-père
Opa	papi
die Urgroßmutter (¨)	l'arrière-grand-mère
der Enkel (-)	le petit-fils
die Enkelkinder (pl.)	les petits-enfants
die Tante (n)	la tante
der Onkel (-)	l'oncle
die Nichte (n)	la nièce
der Neffe (n, n)	le neveu
die Kusine (n)	la cousine
der Vetter (n)	le cousin
der Schwager (¨)	le beau-frère
die Schwägerin (innen)	la belle-sœur
der Schwiegersohn (¨e)	le beau-fils

die Schwiegertochter (¨)	la belle-fille
die Ehe (n)	le mariage, l'union
das Ehepaar (e)	le couple
der Ehering (e)	l'alliance
die Heirat (en)	le mariage
jdn heiraten *(hat)*	épouser qn
heiraten *(hat)*	se marier
verheiratet	marié
die Hochzeit	le mariage, la noce
der Mann (¨er)	l'homme, le mari
die Frau (en)	la femme, l'épouse
sich (A) **trennen** *(hat)*	se séparer
die Trennung (en)	la séparation
sich (A) **scheiden lassen*** *(hat)*	divorcer
geschieden	divorcé
die Scheidung (en)	le divorce
jdn verlassen* *(hat)*	abandonner, quitter qn
jdn stehen/lassen* *(hat)*	laisser qn en plan, abandonner qn
allein	seul
einsam	solitaire
alleinstehend	vivant seul
heißen* *(hat)*	s'appeler, signifier
nennen* *(hat)*	nommer, appeler
der Name (ns, n)	le nom
der Vorname (ns, n)	le prénom
taufen *(hat)*	baptiser
die Taufe (n)	le baptême
her/kommen* *(ist)*	venir de

stammen aus + D *(hat)*	être originaire de
der Stammbaum (¨e)	l'arbre généalogique
erben *(hat)*	hériter
die Erbschaft (en)	l'héritage
der Erbe (n, n)	l'héritié
die Erziehung	l'éducation
jdn erziehen* *(hat)*	élever qn
jdn verwöhnen *(hat)*	gâter qn
jdm gehorchen *(hat)*	obéir à qn
gehorsam	obéissant
der Gehorsam	l'obéissance
jdm zu etw. (D) **raten*** *(hat)*	conseiller qch à qn
der Rat(schlag) (schläge)	le conseil
jdm von etw. (D) **ab/raten*** *(hat)*	déconseiller qn de faire qch
ratlos	désemparé
sich (A) **streiten*** *(hat)*	se disputer
der Streit (sg.)	la dispute

der Mensch (en, en)	l'Homme
die Leute	les gens
der Erwachsene (adj.)	l'adulte
der Herr (n, en)	le monsieur
die Dame (n)	la dame
das Fräulein (-)	la demoiselle
das Mädchen (-)	la jeune fille
der Freund (e)	l'ami
die Bekanntschaft (en)	la connaissance
jdn kennen/lernen *(hat)*	faire connaissance avec qn
sich (A) **erinnern an** + A *(hat)*	se souvenir de
die Erinnerung (en)	le souvenir
jdn/etw. (A) **vergessen*** *(hat)*	oublier qn/qch
das Glück (sg.)	le bonheur, la chance
glücklich	heureux
das Unglück (e)	le malheur
unglücklich	malheureux
das Schicksal (e)	le destin

VERBES ET EXPRESSIONS

eine Familie gründen *(hat)*	*fonder une famille*
ein Kind bekommen* *(hat)*	*avoir un enfant, le mettre au monde*
eine kinderreiche Familie	*une famille nombreuse*
ein kinderloses Paar	*un couple sans enfants*
die Großmutter mütterlicherseits	*la grand-mère maternelle*
die Großmutter väterlicherseits	*la grand-mère paternelle*
einen Stammbaum auf/stellen *(hat)*	*dresser un arbre généalogique*
jn. beim Vornamen nennen* *(hat)*	*appeler qn par son prénom*
seinen Eltern gehorchen *(hat)*	*obéir à ses parents*
jn. um Rat fragen *(hat)*	*demander conseil à qn*
Streit suchen *(hat)*	*chercher querelle*
Glück haben *(hat)*	*avoir de la chance*
in Vergessenheit geraten* *(ist)*	*tomber dans l'oubli*

PHRASES

Hast du Geschwister ? – Ja, ich habe einen Bruder und zwei Schwestern.

As-tu des frères et sœurs ? – Oui, j'ai un frère et deux sœurs.

Paul hat sich mit seiner Schwester um ein Stück Kuchen gestritten.

Paul s'est disputé avec sa sœur pour un morceau de gâteau.

Ich bin jetzt Onkel, meine große Schwester hat ein Kind bekommen.

Maintenant je suis oncle, ma grande sœur a eu un enfant.

Dieses Kind ist schlecht erzogen, es ist zu verwöhnt.

Cet enfant est mal élevé, il est trop gâté.

Sie haben vor drei Jahren geheiratet, und jetzt lassen sie sich scheiden.

Ils se sont mariés il y a trois ans et maintenant ils divorcent.

Zu Weihnachten gehen wir immer zu meiner Großmutter.

A Noël nous allons toujours chez ma grand-mère.

Ich erinnere mich nicht mehr an meinen Großvater.

Je ne me souviens plus de mon grand-père.

Er hat viel Geld von seinen Großeltern geerbt.

Il a hérité beaucoup d'argent de ses grands-parents.

Wie heißt du ? Ich heiße Anaïs, aber man nennt mich Ana.

Comment t'appelles-tu ? Je m'appelle Anaïs, mais on m'appelle Ana.

Andreas stammt aus Bayern, er ist in München geboren.

Andreas est originaire de Bavière, il est né à Munich.

EXERCICES

A partir de cet arbre généalogique, faire les exercices 1 et 2.

<table>
<tr><td colspan="2">Anna Richert – Willi Richert</td></tr>
<tr><td>Heinrich Richert – Nina Richert</td><td>Hermann Schmidt – Klara Schmidt</td></tr>
<tr><td>Lola Richert – Frieda Richert – Peter Richert</td><td>Franz Schmidt – Barbara Schmidt</td></tr>
</table>

1. Indiquer les liens de parenté entre les différentes personnes.

Exemple : Heinrich – Nina
Heinrich ist Ninas Mann.

1. Franz – Peter ....
2. Hermann – Willi ....
3. Lola – Nina ....
4. Klara – Peter ....
5. Anna – Barbara ....
6. Heinrich – Klara ....
7. Franz – Anna ....
8. Lola – Klara ....
9. Nina – Hermann ....
10. Frieda – Barbara ....

2. Répondre aux questions suivantes par des phrases complètes.

1. Wie heißen die Kinder von Heinrich und Nina Richert ?

   ....

2. Wieviel Enkelkinder haben Anna und Willi Richert ?

   ....

3. Wieviel Neffen hat Hermann Schmidt ?

   ....

4. Wie heißt der Schwager von Heinrich Richert ?

   ....

5. Wieviel Ehepaare gibt es in dieser Familie ? Nenne sie :

   ....

6. Wieviele Frauen gibt es in dieser Familie ? Nenne sie :

   ....

7. Wie heißt die Schwiegertochter von Anna und Willi Richert ?

....

8. Wie heißen die Geschwister von Lola Richert ?

....

9. Wie heißen die Eltern von Franz und Barbara ?

....

10. Wie heißt Frau Schmidt mit Vornamen ?

....

3. Associer les mots de la liste 1 avec ceux de la liste 2 pour former des paires logiques.

liste 1	*die Tante*	die Heirat	der Gehorsam	die Verwandtschaft	die Erziehung	die Hochzeit
liste 2	die Eltern	der Ehering	der Stammbaum	*die Nichte*	die Taufe	das Musterkind

Exemple : die Tante – die Nichte

1. ....

2. ....

3. ....

4. ....

5. ....

4 Compléter les phrases suivantes en respectant la traduction.

1. Franz ist sehr gut ...., er ist ein ....
   Franz est très bien élevé, c'est un enfant modèle.

2. Paul und Klara haben .... bekommen.
   Paul et Clara ont eu des jumeaux.

3. Seit der .... lebt er ....
   Depuis la séparation il vit seul.

4. Wo hast du Karl .... ? – Auf der .... einer Freundin.
Où as–tu fait connaissance de Karl ? Au mariage d'une amie.

5. Ich habe diesen .... schon ....
J'ai déjà oublié cette dispute.

6. Sandra will ihrem Vater nicht ...., er ist völlig ....
Sandra ne veut pas obéir à son père, il est complètement désemparé.

7. Es gibt immer mehr .... und ....
Il y a de plus en plus de couples sans enfants et d'enfants uniques.

8. Lila hat eine große ...., vor allem .... und................. .
Lila a une famille très nombreuse, surtout des cousins et des cousines.

9. Frau Ruf hat sich schon dreimal ....
Madame Ruf a déjà divorcé trois fois.

10. Mein Vater hat mir von dieser .... mehrmals ....
Mon père m'a déconseillé ce mariage plusieurs fois.

16 La maison

das Haus (¨er)	la maison
die Wohnung (en)	l'appartement
das Dach (¨er)	le toit
die Decke (n)	le plafond
die Mauer (n)	le mur
die Wand (¨e)	la cloison
der Fußboden (¨)	le plancher
das Fenster (-)	la fenêtre
der Schornstein (e)	la cheminée (sur le toit)
die Treppe (n)	l'escalier
die Stufe (n)	la marche
das Zimmer (-)	la pièce, la chambre
der Flur (e)	le couloir
der Keller (-)	la cave
der Dachboden (¨)	le grenier
wohnen *(hat)*	habiter
um/ziehen* *(ist)*	déménager
besitzen* *(hat)*	posséder
der Besitzer (-)	le propriétaire
mieten *(hat)*	louer (locataire)
vermieten *(hat)*	louer (propiétaire)
die Miete (n)	le loyer
der Mieter (-)	le locataire
der Vermieter (-)	le loueur
die Tür (en)	la porte
öffnen *(hat)*	ouvrir
offen / auf	ouvert
schließen* *(hat)*	fermer
geschlossen	fermé
zu/machen *(hat)*	fermer

der Schlüssel (-)	la clef
der Eingang (¨e)	l'entrée
der Ausgang (¨e)	la sortie
ein/treten* *(ist)*	entrer
das Eßzimmer (-)	la salle à manger
das Wohnzimmer (-)	le salon
die Möbel (pl.)	les meubles
ein schönes Möbelstück	un beau meuble
der Tisch (e)	la table
der Stuhl (¨e)	la chaise
der Sessel (-)	le fauteuil
das Sofa (s)	le canapé
die Lampe (n)	la lampe
der Spiegel (-)	le miroir
der Kamin (e)	la cheminée (dans la pièce)
das Schlafzimmer (-)	la chambre à coucher
das Kinderzimmer (-)	la chambre d'enfant
das Bett (en)	le lit
die Decke (n)	la couverture
das Kopfkissen (-)	l'oreiller
der Schrank (¨e)	le placard
das Regal (e)	l'étagère
der Schreibtisch (e)	le bureau
das Badezimmer (-)	la salle de bains
das Bad (¨er)	le bain
die Badewanne (n)	la baignoire
die Dusche (n)	la douche

sich (A) **duschen**	se doucher
das Waschbecken (-)	le lavabo
die Seife	le savon
das Handtuch (¨er)	la serviette
die Toilette (n)	les toilettes
der Dreck	la saleté
dreckig	sale
schmutzig	sale
der Staub	la poussière
staubig	poussiéreux
staub/saugen *(hat)*	passer l'aspirateur
putzen *(hat)*	nettoyer
der Besen (-)	le balai
der Staubsauger (-)	l'aspirateur
die Ordnung (sg.)	l'ordre
auf/räumen *(hat)*	ranger
die Sauberkeit	la propreté
sauber	propre
der Garten (¨)	le jardin
das Gitter (-)	la grille
der Zaun (¨e)	la clôture
der Rasen	le gazon
das Tor (e)	la porte, le portail
die Terrasse (n)	la terrasse
der Balkon (s)	le balcon
das Ding (e)	la chose
das Objekt (e)	l'objet
die Sache (n)	la chose
die Sachen	les affaires

VERBES ET EXPRESSIONS

zu Hause sein *(ist)*	*être à la maison, chez soi*
nach Hause gehen* *(ist)*	*rentrer à la maison, chez soi*
eine Wohnung ein/richten *(hat)*	*aménager un appartement*
an die Tür klopfen *(hat)*	*frapper à la porte*
an der Tür klingeln *(hat)*	*sonner à la porte*
das Licht an/machen *(hat)*	*allumer la lumière*
ein Feuer an/zünden *(hat)*	*allumer un feu*
auf sein Zimmer gehen* *(ist)*	*aller dans sa chambre*
ins Bett gehen* *(ist)*	*aller au lit*
ein Bad nehmen* *(hat)*	*prendre un bain*
sein Zimmer auf/räumen *(hat)*	*ranger sa chambre*
in den Garten gehen* *(ist)*	*aller dans le jardin*

PHRASES

Wir haben ein kleines Haus mit Garten gekauft.
Nous avons acheté une petite maison avec jardin.

Wir werden nächstes Jahr nach Paris umziehen.
L'année prochaine nous déménagerons à Paris.

Wir haben eine Drei-Zimmer-Wohnung gemietet.
Nous avons loué un appartement de trois pièces.

Im Badezimmer haben wir eine Dusche, aber keine Badewanne.
Dans la salle de bains, nous avons une douche mais pas de baignoire.

Die Toilette ist oben neben dem Badezimmer.
Les toilettes sont en haut à côté de la salle de bains.

Kannst du bitte das Fenster öffnen ?
Peux–tu ouvrir la fenêtre s'il te plaît ?

Ich glaube, es hat geklingelt.
Je crois qu'on a sonné.

Hast du die Kinder gesehen ? Ja, sie spielen im Wohnzimmer.
As–tu vu les enfants ? Oui, ils jouent dans le salon.

Ich muß heute nachmittag mein Zimmer aufräumen.
Cet après-midi je dois ranger ma chambre.

Bei meiner Großmutter ist alles sehr sauber.
Chez ma grand-mère tout est très propre.

EXERCICES

1. Chasser l'intrus (rayer le mot qui ne va pas avec les autres).

1.	das Bad	das Waschbecken	das Gitter	die Seife
2.	dreckig	sauber	schmutzig	staubig
3.	der Tisch	der Stuhl	der Sessel	das Sofa
4.	die Wand	die Decke	der Fußboden	der Schlüssel
5.	die Stufe	das Tor	das Gitter	der Zaun

6.	die Terrasse	der Balkon	das Zimmer	der Garten
7.	wohnen	schließen	einrichten	vermieten
8.	der Rasen	das Fenster	der Flur	der Keller
9.	öffnen	klingeln	anzünden	klopfen
10.	das Möbelstück	der Kamin	der Eingang	der Besitzer

2. Trouver la bonne solution, puis réécrire toute la phrase.

1. Es hat geklopft, kannst du bitte ....

   a) umziehen *b) öffnen* *c) putzen*

   ....

2. Ich will schlafen, ich gehe ins ....

   a) Schlafzimmer *b) Badezimmer* *c) Eßzimmer*

   ....

3. Hast du mein Buch gesehen ? Ja es liegt ....

   a) in der Badewanne *b) auf dem Dach* *c) auf dem Schreibtisch*

   ....

4. Ich habe mein Zimmer geputzt, es ist ....

   a) geschlossen *b) sauber* *c) schmutzig*

   ....

5. Im Winter machen wir oft ein Feuer im ....

   a) Schornstein *b) Dreck* *c) Kamin*

   ....

3. Retrouver les cinq mots en remettant les lettres dans le bon ordre.

SEZBIRET	MZCUTSHGI	MIHNEUZE	FNOPLEK	ODHANEBCD

4. Compléter les phrases suivantes en respectant la traduction.

1. Die Kinder spielen gern im .... und auf dem ....
   Les enfants aiment bien jouer dans la cave et dans le grenier.
2. Wir haben eine .... im Stadtzentrum ....
   Nous avons loué un appartement dans le centre-ville.
3. Oma sitzt in ihrem .... am ....
   Mami est assise dans son fauteuil près de la cheminée.
4. Ich habe das ganze Haus ....
   J'ai rangé toute la maison.
5. Wir haben einen .... und vier .... für die .... gekauft.
   Nous avons acheté une table et quatre chaises pour la terrasse.
6. Kannst du bitte das Licht .... ?
   Peux–tu allumer la lumière s'il te plaît ?
7. Die Möbel sind ...., und der .... ist sehr ....
   Les meubles sont poussiéreux et le sol est très sale.
8. Ich muß eine neue .... und zwei .... für das Bett kaufen.
   Il faut que j'achète une nouvelle couverture et deux oreillers pour le lit.
9. Um mich zu waschen, brauche ich nur ein ...., ... und ein ....
   Pour me laver je n'ai besoin que d'un lavabo, de savon et d'une serviette.
10. Über dem .... hängt ein schöner.............................. .
    Au-dessus de la cheminée il y a un beau miroir.

La cuisine et les repas

die Küche (n)	la cuisine
der Kühlschrank (¨e)	le réfrigérateur
der Gefrierschrank (¨e) / **die Tiefkühltruhe** (n)	le congélateur
der Backofen (¨)	le four
der Herd (e)	la cuisinière
kochen *(hat)*	faire la cuisine
backen* *(hat)*	cuire au four, faire un gâteau
braten* *(hat)*	faire cuire, rôtir
die Backform (en)	le moule
der Kochtopf (¨e)	la casserole
der Deckel (-)	le couvercle
die Pfanne (n)	la poêle
der Apparat (e)	l'appareil
das Rezept (e)	la recette
füllen *(hat)*	remplir, farcir
mischen *(hat)*	mélanger, mixer
spülen *(hat)*	rincer, laver
die Spülmaschine (n)	le lave-vaisselle
ab/waschen* *(hat)*	faire la vaisselle
das Waschbecken (-)	l'évier
der Rest (e)	le reste
restlich	restant
der Abfall (¨e)	les déchets
der Abfalleimer (-)	la poubelle
der Müll (sg.)	les ordures
der Hausmüll (sg.)	les ordures ménagères
das Essen (-)	le repas

das Frühstück	le petit-déjeuner
frühstücken *(hat)*	prendre son petit-déjeuner
das Mittagessen (-)	le déjeuner
das Abendbrot (sg.)	le dîner
das Abendessen (-)	le dîner
die Vorspeise (n)	l'entrée
die Speise (n)	le plat
der Nachtisch (e)	le dessert
das Getränk (e)	la boisson
der Hunger	la faim
hungrig	qui a faim
der Durst	la soif
durstig	qui a soif
der Appetit	l'appétit

der Tisch (e)	la table
das Tischtuch (¨er)	la nappe
die Serviette (n)	la serviette
das Besteck (e)	le couvert
das Geschirr (sg.)	la vaisselle
der Teller (-)	l'assiette
die Gabel (n)	la fourchette
der Löffel (-)	la cuillère
das Messer (-)	le couteau
das Glas (¨er)	le verre
die Flasche (n)	la bouteille
der Becher (-)	le gobelet
die Tasse (n)	la tasse
die Kaffeekanne (n)	la cafetière
die Schüssel (n)	le plat, le saladier
der Korb (¨e)	le panier
die Schachtel (n)	la boîte

das Tablett (s)	le plateau
das Porzellan	la porcelaine
das Plastik	le plastique
essen* ***(hat)***	manger
trinken* ***(hat)***	boire
schlucken ***(hat)***	avaler
sich (A) **verschlucken** ***(hat)***	avaler de travers
der Schluck (e)	la gorgée
probieren ***(hat)***	goûter
mögen* ***(hat)***	aimer bien
gut schmecken ***(hat)***	avoir bon goût, être bon
genug	assez
gern	volontiers
gut	bien, bon
riechen*	sentir
satt	rassasié
reichen ***(hat)***	tendre
teilen ***(hat)***	partager, diviser
das Stück (e)	le morceau
rauchen ***(hat)***	fumer
die Zigarette (n)	la cigarette
die Zigarre (n)	le cigare
die Pfeife (n)	la pipe
der Raucher (-)	le fumeur
der Nichtraucher (-)	le non-fumeur
der Tabak	le tabac
das Nikotin	la nicotine
der Rauch	la fumée

VERBES ET EXPRESSIONS

guten Appetit !	*bon appétit !*
den Tisch decken *(hat)*	*mettre la table*
den Tisch ab/decken *(hat)*	*débarrasser la table*
Hunger haben *(hat)*	*avoir faim*
hungrig sein *(ist)*	*avoir faim*
die Flasche aus/trinken* *(hat)*	*vider la bouteille*
zu Tisch gehen* *(ist)*	*aller à table*
bei Tisch sein *(ist)*	*être à table*
das Essen vor/bereiten *(hat)*	*préparer le repas*
zu Abend essen* *(hat)*	*dîner*
zu Mittag essen* *(hat)*	*déjeuner*
satt sein* *(ist)*	*avoir manger à sa faim*
das Geschirr spülen	*faire la vaisselle*

PHRASES

Klara deckt den Tisch, und ihr Bruder deckt ihn ab.
Clara met la table et son frère la débarrasse.

Wir wollen in zehn Minuten essen.
Nous allons manger dans dix minutes.

Kannst du mir bitte die Schüssel reichen ?
Peux-tu me passer le plat s'il te plaît ?

Was gibt es heute zum Nachtisch ?
Qu'est-ce qu'il y a comme dessert aujourd'hui ?

Möchtest du noch etwas essen ? – Nein danke, ich bin satt.
Veux-tu encore manger quelque chose ? – Non merci, je n'ai plus faim.

Diese Speise riecht so gut ! Darf ich mal probieren ?
Ce plat sent si bon ! Puis-je y goûter ?

Nach dem Essen rauche ich gern eine Zigarette.
Après le repas, j'aime bien fumer une cigarette.

Wir müssen den Kuchen in acht Stücke teilen.
Nous devons couper le gâteau en huit.

Deine Mutter kocht sehr gut.
Ta mère fait très bien la cuisine.

Wir haben um elf Uhr gefrühstückt, ich habe keinen Appetit mehr.
Nous avons pris le petit-déjeuner à onze heures, je n'ai plus d'appétit.

EXERCICES

1. Remettre les mots suivants dans l'ordre, puis traduire les phrases obtenues.

1. Abend – in – essen – am – Küche – der – wir

   ....

2. eine – nach – raucht – Essen – Klaus – dem – Pfeife

   ....

3. gekauft – neuen – wir – Kühlschrank – haben – einen

   ....

4. Claudia – den – decken – soll – Tisch

....

5. das – nicht – habe – Abendessen – vorbereitet – ich

....

2. Retrouver les dix mots de la leçon qui se cachent dans cette grille, puis les écrire et donner leur traduction.

L	A	G	T	E	W	U	K	L	E
K	S	L	A	T	I	S	C	H	R
O	B	A	H	I	G	H	E	R	D
C	U	S	U	L	E	T	B	A	W
H	Z	I	G	A	R	E	T	T	E
T	G	O	I	S	P	H	U	E	R
O	B	T	L	A	F	U	T	I	T
P	H	A	E	H	E	N	B	G	A
F	S	I	B	U	I	G	T	A	S
G	A	B	E	L	F	E	W	R	S
H	R	J	K	L	E	R	I	S	E
O	L	I	T	E	L	L	E	R	U

1. ....

2. ....

3. ....

4. ....

5. ....

6. ....

7. ....

8. ....

9. ....

10. ....

3. Associer les mots de la liste 1 avec ceux de la liste 2 pour former des mots composés, puis donner leur traduction.

liste 1	*der Mittag*	der Müll	der Salat	der Abend	der Tisch	der Kaffee
liste 2	das Brot	die Kanne	die Schüssel	der Eimer	das Tuch	*das Essen*

Exemple : der Mittag – das Essen
das Mittagessen, le déjeuner

1. ....
2. ....
3. ....
4. ....
5. ....

4. Compléter les phrases suivantes en respectant la traduction.

1. Der Braten ist noch im ....
Le rôti est encore dans le four.
2. Hans mag nicht ...., er kann aber gut ....
Hans n'aime pas faire la cuisine, mais il sait bien faire les gâteaux.
3. Wo ist die .... ? – Sie steht auf dem ....
Où est la cafetière ? – Elle est sur la cuisinière.
4. Es ist ein neues ....; ich weiß nicht, ob es gut ....
C'est une nouvelle recette ; je ne sais pas si c'est bon.
5. Möchtest du eine .... ? – Nein danke, ich .... nicht.
Veux–tu une cigarette ? – Non merci, je ne fume pas.
6. Diese .... sind nicht aus ...., sondern aus ....
Ces assiettes ne sont pas en plastique mais en porcelaine.
7. Ich finde nicht mehr den ...., der zu diesem .... paßt.
Je ne trouve plus le couvercle qui va avec cette casserole.

8. Der Chef hat mir .... geschenkt, aber ich rauche nur ....

   Le chef m'a offert des cigares mais je ne fume que la pipe.

9. Es fehlen noch eine .... und ein ....

   Il manque encore une fourchette et une cuillère.

10. Kannst du bitte den .... runterbringen ?

    Peux-tu descendre la poubelle s'il te plaît ?

La nourriture 18

das Gemüse (sg.)	les légumes
die Kartoffel (n)	la pomme de terre
der Reis	le riz
die Gurke (n)	le concombre
die Möhre (n)	la carotte
der Kohl	le chou
der Pilz (e)	le champignon
die Tomate (n)	la tomate
die Bohne (n)	le haricot
das Sauerkraut	la choucroute
der Knoblauch	l'aïl
die Zwiebel (n)	l'oignon
der Salat (e)	la salade
die Suppe (n)	la soupe

das Obst (sg.)	les fruits
die Frucht (¨e)	le fruit
der Apfel (¨)	la pomme
die Birne (n)	la poire
die Kirsche (n)	la cerise
der Pfirsich (e)	la pêche
die Aprikose (n)	l'abricot
die Pflaume (n)	la prune
die Traube (n)	le raisin
die Rosine (n)	le raisin sec
die Blaubeere (n)	la myrtille
die Erdbeere (n)	la fraise
die Himbeere (n)	la framboise
die Banane (n)	la banane
die Orange (n)	l'orange
die Zitrone (n)	le citron

das Fleisch	la viande
das Rindfleisch	le bœuf
das Kalbsfleisch	le veau
das Hackfleisch	la viande hachée
das Schweinefleisch	le porc
das Hammelfleisch	le mouton
der Braten (-)	le rôti
die Wurst (¨e)	la saucisse
die Bratwurst (¨e)	la saucisse grillée
der Schinken (-)	le jambon
der Speck	le lard

der Fisch (e)	le poisson
die Sardine (n)	la sardine
die Forelle (n)	la truite
der Thunfisch (e)	le thon
der Lachs (e)	le saumon

der Zucker	le sucre
zuckern *(hat)*	sucrer
der Kuchen (-)	le gâteau
die Torte (n)	la tarte
der Honig	le miel
die Marmelade (n)	la confiture
die Schokolade (n)	le chocolat
die Tafel (n)	la tablette
die Süßigkeiten (pl.)	les sucreries
der Bonbon (s)	le bonbon
das Eis	la glace
der Teig	la pâte
das Ei (er)	l'œuf
das Mehl	la farine
das Brot (e)	le pain
das Brötchen (-)	le petit pain

das Öl	l'huile
der Essig	le vinaigre
der Senf	la moutarde
das Salz	le sel
salzen *(hat)*	saler

der Pfeffer	le poivre
pfeffern ***(hat)***	poivrer
das Gewürz (e)	l'épice
das Milchprodukt (e)	le produit laitier
die Milch	le lait
die Butter	le beurre
der Joghurt	le yaourt
der Käse (Käsesorten)	le fromage
der Quark	le fromage blanc
die Sahne	la crème
die Schlagsahne	la crème chantilly

das Getränk (e)	la boisson
das Wasser	l'eau
der Alkohol	l'alcool
der Wein (e)	le vin
der Glühwein	le vin chaud
der Apfelwein	le cidre
der Sekt	le mousseux
der Champagner	le champagne
das Bier (e)	la bière
der Saft (¨e)	le jus
der Orangensaft (¨e)	le jus d'orange
der Kaffee	le café
der Tee	le thé

VERBES ET EXPRESSIONS

Gemüse kochen *(hat)*	*faire cuire des légumes*
das Gemüse putzen *(hat)*	*éplucher les légumes*
Kakao trinken*	*boire un chocolat*
Kartoffeln schälen *(hat)*	*éplucher les pommes de terrre*
einen Salat zu/bereiten *(hat)*	*préparer une salade*
Fleisch kochen *(hat)*	*faire cuire de la viande*
Würste braten *(hat)*	*faire rôtir, griller des saucisses*
Zwiebeln in Fett braten *(hat)*	*faire revenir des oignons*
einen Kuchen backen* *(hat)*	*faire un gâteau*
eine Tafel Schokolade	*une tablette de chocolat*
Kirschen pflücken *(hat)*	*cueillir des cerises*
Wasser auf/setzen *(hat)*	*mettre de l'eau à chauffer*
Kaffee kochen *(hat)*	*faire du café*

PHRASES

Was gibt es zum Abendessen ? – Bratwürste mit Kartoffeln.

Qu'est-ce qu'il y au dîner ? – Des saucisses grillées avec des pommes de terre.

Meine Mutter hat eine Freundin zu Kaffee und Kuchen eingeladen.

Ma mère a invité une amie pour le goûter.

Ich trinke keinen Alkohol, ich möchte lieber Wasser oder Orangensaft.

Je ne bois pas d'alcool, j'aimerais mieux de l'eau ou du jus d'orange.

Milch ist gesund.

Le lait, c'est bon pour la santé.

Was möchtest du zum Nachtisch : einen Joghurt, eine Banane, ein Stück Kuchen ?

Que veux-tu comme dessert : un yaourt, une banane, un morceau de gâteau ?

Zum Frühstück esse ich Brot mit Butter und Honig und trinke Kakao.

Au petit déjeuner je mange du pain avec du beurre et du miel et je bois un chocolat.

Die Tomaten sind mit Hackfleisch und Reis gefüllt.

Les tomates sont farcies avec de la viande hachée et du riz.

Ich esse gern Obst, aber ich mag kein Gemüse.

J'aime bien les fruits, mais je n'aime pas les légumes.

Ich esse lieber Fisch als Fleisch.

J'aime mieux le poisson que la viande.

Darf ich bitte Salz und Pfeffer haben ?

Puis-je avoir du sel et du poivre s'il vous plaît ?

EXERCICES

1. Chasser l'intrus (rayer le mot qui ne va pas avec les autres).

1.	der Apfel	die Kirsche	das Brot	die Traube
2.	der Wein	der Orangensaft	das Bier	der Champagner
3.	die Forelle	der Lachs	die Sardine	der Schinken
4.	der Knoblauch	die Sahne	die Milch	der Quark
5.	das Fleisch	die Gurke	die Tomate	die Möhre
6.	das Kalbsfleisch	das Rindfleisch	das Hackfleisch	das Hammelfleisch
7.	das Mehl	der Sekt	das Ei	die Butter
8.	die Birne	der Pilz	der Kohl	die Bohne
9.	der Senf	der Pfeffer	der Speck	der Essig
10.	der Kuchen	die Torte	das Plätzchen	das Gewürz

2 Classer les aliments suivants en cinq groupes : légumes, fruits, viandes, sucreries, produits laitiers.

die Wurst – der Honig – die Butter – die Zwiebel – der Bonbon – die Gurke – der Pfirsich – die Sahne – das Plätzchen – der Schinken – der Kuchen – die Pflaume – der Speck – der Quark – der Pilz – die Blaubeere – der Käse – die Bohne – die Kirsche – der Braten

Gemüse	Obst	Fleischsorten	Süßigkeiten	Milchprodukte

3. Relier un des éléments numérotés 1 à 5 à un des éléments numérotés a à e. Ecrire la phrase obtenue.

1.	Ich will einen Kuchen backen,	a.	aber es gibt keinen Saft mehr.
2.	Ich habe Durst,	b.	aber es gibt kein Brot mehr.
3.	Ich bin zum Bäcker gegangen,	c.	aber es gibt keine mehr.
4.	Ich möchte eine Suppe kochen,	d.	aber es gibt kein Mehl mehr.
5.	Ich habe gestern Schokolade gekauft,	e.	aber es gibt kein Gemüse mehr.

1. ....

2. ....

3. ....

4. ....

5. ....

4. Compléter les phrases suivantes en respectant la traduction.

1. Heute nachmittag haben wir im Garten ....
   Cet après-midi nous avons cueilli des poires dans le jardin.

2. Möchten Sie .... zum .... ?
   Voulez-vous de la crème chantilly avec la glace ?

3. Was möchten Sie zum .... : ...., ...
   oder .... ?
   Que voulez-vous avec la viande : des carottes, des haricots ou des champignons ?

4. Für den .... brauchen wir ...., ...,
   .... und ....
   Pour la pâte il nous faut de la farine, du sucre, du beurre et des œufs.

5. Zum .... trinke ich immer .... mit ....
   Au petit déjeuner je bois toujours du thé au lait.

6. Am Nachmittag essen die Kinder .... und ....
   L'après-midi, les enfants mangent du pain et du chocolat.

7. Bevor wir das Gemüse ...., müssen wir es ....
   Avant de faire cuire les légumes nous devons les éplucher.

8. Der .... ist schon fertig, aber wir müssen noch den Salat
   ....
   Le rôti est déjà cuit mais il faut encore préparer la salade.

9. Kannst du bitte Wasser für den .... ?
   Peux-tu faire bouillir de l'eau pour le riz s'il te plaît ?

10. Möchten Sie .... oder .... trinken ?
    Voulez-vous boire du champagne ou du mousseux ?

19 Les fêtes

das Fest (e)	la fête
das Familienfest (e)	la fête familiale
das Volksfest (e)	la fête populaire
der Nationalfeiertag (e)	la fête nationale
das Kirchenfest (e)	la fête religieuse
der Feiertag (e)	le jour férié
der Werktag (e)	le jour ouvrable
die Tradition (en)	la tradition
die Stimmung	l'ambiance
Weihnachten (sg.)	Noël
die Weihnachtsferien	les vacances de Noël
der Heilige Abend	le soir de Noël (soir du 24 décembre)
der Weihnachtsmann	le père Noël
der Weihnachtsbaum (¨e)	l'arbre de Noël
der Tannenbaum (¨e)	le sapin
der Kranz (¨e)	la couronne
die Girlande (n)	la guirlande
die Kugel (n)	la boule
das Neujahr	le Nouvel An
der Silvesterabend	le réveillon du Nouvel An
das Feuerwerk (e)	le feu d'artifice
das Glück	le bonheur
der Glückwunsch (¨e)	les vœux de bonheur
das Dreikönigsfest (6. Januar)	la fête des rois (6 janvier)
der Faschings-dienstag	le mardi gras
der Karneval	le carnaval

der Umzug (¨e)	le défilé
Ostern (sg.)	Pâques
das Osterfest (e)	la fête de Pâques
der Ostermontag	le lundi de Pâques
das Osterei (er)	l'œuf de Pâques
der Osterhase (n, n)	le lièvre de Pâques
der Geburtstag (e)	l'anniversaire
das Geburtstagsfest (e)	la fête d'anniversaire
das Geschenk (e)	le cadeau
die Kerze (n)	la bougie
der Namenstag (e)	la fête (pour le nom)
der Muttertag (e)	la Fête des Mères
veranstalten *(hat)*	organiser
die Veranstaltung (en)	l'organisation
jdn ein/laden* *(hat)*	inviter qn
die Einladung (en)	l'invitation
jdn besuchen *(hat)*	rendre visite à qn
der Besuch (e)	la visite
jdn empfangen* *(hat)*	recevoir qn
statt/finden* *(hat)*	avoir lieu
aus/fallen* *(ist)*	tomber à l'eau, ne pas avoir lieu
auf (einen Tag) fallen*3 *(ist)*	tomber sur (jour)
feiern *(hat)*	fêter
wünschen *(hat)*	souhaiter
etw. (A) mit/bringen* *(hat)*	apporter qch

etw. (A) **schicken** *(hat)* envoyer qch

jdm etw. (A) **schenken** *(hat)* offrir qch à qn

etw. (A) **bekommen*** *(hat)* recevoir, obtenir qch

VERBES ET EXPRESSIONS

Frohe Weihnachten !	*Joyeux Noël !*
an den Weihnachtsmann glauben *(hat)*	*croire au Père Noël*
zu Neujahr	*au Nouvel An*
zu Ostern	*à Pâques*
an Sonn- und Feiertagen	*les dimanches et jours fériés*
an Werktagen	*les jours ouvrables*
die Kerzen aus/blasen* *(hat)*	*souffler les bougies*
jdm zum Geburtstag gratulieren *(hat)*	*souhaiter un bon anniversaire à qn*
ein Feuerwerk ab/brennen* *(hat)*	*tirer un feu d'artifice*
den Weihnachtsbaum schmücken *(hat)*	*décorer le sapin de Noël*
jdm für etw. (A) danken *(hat)*	*remercier qn pour qch*
Glück bringen* *(hat)*	*porter bonheur*

PHRASES

Wann hat Ursula Geburtstag ? Ursula hat am 16. Februar Geburtstag.
Quand Ursula a-t-elle son anniversaire ? Ursula a son anniversaire le 16 février.

Frohe Weihnachten und ein glückliches Neues Jahr !
Joyeux Noël et tous mes vœux de bonheur pour l'année nouvelle !

Ich gratuliere dir zum Geburtstag.
Je te souhaite un bon anniversaire.

Was hast du zum Geburtstag bekommen ? – Mutti hat mir Bücher geschenkt.
Qu'as-tu reçu pour ton anniversaire ? – Maman m'a offert des livres.

Weihnachten fällt dieses Jahr auf einen Montag.
Cette année Noël tombe sur un lundi.

Jedes Jahr feiern wir Weihnachten bei meiner Großmutter.
Tous les ans, nous fêtons Noël chez ma grand-mère.

Meine kleine Schwester glaubt noch an den Weihnachtsmann.
Ma petite sœur croit encore au père Noël.

Petra und Ralf veranstalten ein Fest zu Neujahr, sie haben mich eingeladen.

Petra et Ralf organisent une fête pour le Nouvel An, ils m'ont invité.

Am Silvesterabend werden wir ein Feuerwerk abbrennen.

Au réveillon du Nouvel An nous allons tirer un feu d'artifice.

Der deutsche Nationalfeiertag ist der 3. Oktober.

La fête nationale allemande, c'est le 3 octobre.

EXERCICES

1. Associer les mots de la liste 1 avec ceux de la liste 2 pour former des mots composés, puis donner leur traduction.

liste 1	*die Mutter*	Weihnachten	das Feuer	das Glück	das Fest	der Baum
liste 2	die Tanne	das Werk	*der Tag*	Ostern	der Wunsch	der Baum

Exemple : die Mutter – der Tag
der Muttertag, la fête des mères

1. ....
2. ....
3. ....
4. ....
5. ....

2. Trouver la bonne solution, puis écrire la phrase en entier.

1. Ich bin am 21. Juli geboren, es ist mein ....

   a) Feiertag *b) Geburtstag* *c) Namenstag*

   ....

2. Zum Neujahr wollen wir ein Fest ....

   a) schenken *b) wünschen* *c) veranstalten*

   ....

3. Morgen ist Sonnabend, wir haben Freunde ....

   a) eingeladen *b) besucht* *c) empfangen*

   ....

4. Es ist dein Geburtstag, du sollst die .... ausblasen.

   a) Kränze *b) Kerzen* *c) Geschenke*

   ....

5. Wir haben den Weihnachtsbaum mit Girlanden ....

   a) bekommen *b) stattgefunden* *c) geschmückt*

   ....

3. Compléter les phrases suivantes avec la préposition qui convient.

1. Ich gratuliere dir .... Geburtstag.
2. Ich danke dir .... das Geschenk.
3. .... Weihnachten essen wir Braten mit grünen Bohnen.
4. .... Feiertagen wird nicht gearbeitet.
5. Mein Geburtstag fällt .... einen Freitag.

4. Compléter les phrases suivantes en respectant la traduction.

1. Claudia hat am Donnerstag ...., sie will ein Fest ....

   Claudia a son anniversaire jeudi, elle veut organiser une fête.

2. In zwei Wochen ist ...., ich muß .... kaufen.

   Dans deux semaines c'est Noël, il faut que j'achète des cadeaux.

3. Der .... ist ein ....

   Le lundi de Pâques est un jour férié.

4. Wir haben den .... noch nicht ....

   Nous n'avons pas encore décoré le sapin.

5. Das Fest sollte am Samstag ...., es ist aber ....

   La fête devait avoir lieu samedi, mais elle est tombée à l'eau.

6. Am Dienstag ist ...., wir wollen einen .... veranstalten.

   Mardi c'est Carnaval, nous voulons organiser un défilé.

7. .... fahren wir zu meinen Großeltern und .... zu meiner Tante.

   A Pâques nous allons chez mes grands-parents et au Nouvel An chez ma tante.

8. Sein .... hat uns Glück ....

   Sa visite nous a porté bonheur.

9. Vergiß nicht, deinem Onkel .... zu gratulieren.

   N'oublie pas de souhaiter bon anniversaire à ton oncle.

10. Dieser Laden ist .... geschlossen.

    Ce magasin est fermé les dimanches et jours fériés.

Les distractions, les sorties

20

die Freizeit (sg.)	les loisirs
die Lust	l'envie
der Spaß	le plaisir
das Vergnügen	le plaisir
sich (A) **amüsieren** *(hat)*	s'amuser
toll / super	formidable, super
lustig	amusant
vergnügt	content, joyeux
die Langeweile	l'ennui
sich (A) **langweilen** *(hat)*	s'ennuyer
langweilig	ennuyeux
eintönig	monotone
das Vorhaben	le projet
etw. vor/haben* *(hat)*	avoir l'intention de
mit/kommen* *(ist)*	accompagner
etw. (A) **mit/machen** *(hat)*	participer à qch
das Treffen (-)	la rencontre
sich treffen* *(hat)*	se rencontrer
der Treffpunkt (e)	le lieu de rendez-vous
sich verabreden *(hat)*	se donner rendez-vous
die Verabredung (en)	le rendez-vous
sich verabschieden *(hat)*	prendre congé
aus/gehen* *(ist)*	sortir
das Gasthaus (¨er)	l'auberge
das Restaurant (s)	le restaurant
das Café (s)	le café (lieu)
die Diskothek (en)	la discothèque
die Eisdiele (n)	le café-glacier
die Speisekarte (n)	la carte des menus
etw. (A) **nehmen*** *(hat)*	prendre qch
etw. (A) **bestellen** *(hat)*	commander qch
der Kellner (-)	le garçon de café
spazieren/gehen* *(ist)*	se promener
der Spaziergang (¨e)	la promenade
der Spaziergänger (-)	le promeneur
picknicken *(hat)*	pique-niquer
das Picknick	le pique-nique
das Kino (s)	le cinéma
der Film (e)	le film
das Theater (-)	le théâtre
das Theaterstück (e)	la pièce de théâtre
das Konzert (e)	le concert
die Konzerthalle (n)	la salle de concert
der Zirkus	le cirque
der Clown (s)	le clown
der Akrobat (en, en)	l'acrobate
das Publikum (sg.)	le public
der Zuschauer (-)	le spectateur
der Schauspieler (-)	l'acteur
klatschen *(hat)*	applaudir
basteln *(hat)*	bricoler, fabriquer de ses mains

der Bastler (-)	le bricoleur
die Schere (n)	la paire de ciseaux
schneiden* *(hat)*	couper
sägen *(hat)*	scier
befestigen *(hat)*	fixer
kleben *(hat)*	coller
malen *(hat)*	peindre (faire de la peinture)
streichen*	peindre (quelque chose)
sammeln *(hat)*	collectionner, ramasser
der Sammler (-)	le collectionneur
die Sammlung	la collection

das Spiel (e)	le jeu
spielen *(hat)*	jouer
das Schachspiel	les échecs
das Kartenspiel (e)	le jeu de cartes
das Damespiel	le jeu de dame
das Dominospiel	les dominos
beginnen* *(hat)*	commencer
finden* *(hat)*	trouver
sich verstecken *(hat)*	se cacher
gewinnen* *(hat)*	gagner, obtenir
verlieren* *(hat)*	perdre
raten* *(hat)*	deviner
der Witz (e)	la blague
witzig	amusant, plein d'esprit

die Stereoanlage (n)	la chaîne hifi
der CD-Player (-)	la platine laser
die CD (s)	le CD
die Schallplatte (n)	le disque
die Kassette (n)	la cassette
der Computer (-)	l'ordinateur
das Computerspiel (e)	le jeu d'ordinateur
das Programm (e)	le logiciel, le programme

das Spielzeug (sachen)	le jouet
die Puppe (n)	la poupée
die Puppenkleider (pl.)	les vêtements de poupée
das Plüschtier (e)	l'animal en peluche
der Drachen (-)	le cerf-volant
der Bleisoldat (en, en)	le soldat de plomb
der Ball (¨e)	la balle

VERBES ET EXPRESSIONS

Viel Spaß !	*Amusez-vous bien !*
ein Spiel machen *(hat)*	*faire un jeu*
Schach spielen *(hat)*	*jouer aux échecs*
mit der Puppe spielen *(hat)*	*jouer à la poupée*
verabredet sein	*avoir rendez-vous*
ins Kino gehen* *(ist)*	*aller au cinéma*
ins Café gehen* *(ist)*	*aller au café*

Herr Ober, bitte !	*Garçon, s'il vous plait !*
einen Witz erzählen *(hat)*	*raconter une blague*
eine Schallplatte auf/legen *(hat)*	*mettre un disque*
Briefmarken sammeln *(hat)*	*collectionner les timbres*
picknicken *(hat)*	*faire un pique-nique*

PHRASES

Erich hat den Abend langweilig gefunden, ich habe mich gut amüsiert.

Eric a trouvé la soirée ennuyeuse, moi je me suis beaucoup amusée.

Was habt ihr für das Wochenende vor ? – Wir wollen ins Theater gehen.

Qu'est-ce que vous avez l'intention de faire ce week-end ? – Nous voulons aller au théâtre.

Wir haben uns mit Freunden vor dem Café verabredet.

Nous nous sommes donné rendez-vous avec des amis devant le café.

Gestern abend waren wir im Restaurant, wir haben sehr gut gegessen.

Hier soir nous sommes allés au restaurant, nous avons très bien mangé.

Morgen wollen wir spazierengehen und picknicken.

Demain, nous allons nous promener et faire un pique-nique.

Ich habe einen Drachen gebastelt.

J'ai fabriqué un cerf-volant.

Ralf hat den alten Schrank rot gestrichen.

Ralf a peint la vieille armoire en rouge.

Mein Bruder gewinnt immer beim Kartenspielen.

Mon frère gagne toujours aux cartes.

Kannst du Schach spielen ? Nein, aber ich kann Dame spielen.

Est-ce que tu sais jouer aux échecs ? Non, mais je sais jouer aux dames.

Sonia und Rebecca spielen mit der Puppe in ihrem Zimmer.

Sonia et Rebecca jouent à la poupée dans leur chambre.

EXERCICES

1. Mettre de l'ordre dans les phrases suivantes et les écrire.

1. Sonnabend – gehen – in – mit – die – am – Diskothek – wir – Freunden

   ....

2. Frank – seit – Jahren – sammelt – zehn – Briefmarken

   ....

3. den – wir – gespielt – Karten – Nachmittag – haben – ganzen

   ....

4. ins – gern– ich – Café – ins – und – gehe – Restaurant

   ....

5. seinem – macht – Spiel – auf – Klaus – Computer – ein

   ....

2. Chasser l'intrus (rayer le mot qui ne va pas avec les autres).

1.	witzig	toll	langweilig	lustig
2.	klatschen	schneiden	kleben	bemalen
3.	die Eisdiele	das Gasthaus	die Diskothek	das Restaurant
4.	der Sammler	der Spaziergänger	der Zuschauer	der CD–Player
5.	der Clown	der Schauspieler	der Akrobat	das Publikum
6.	spielen	gewinnen	bestellen	verlieren
7.	das Konzert	der Drachen	die Diskothek	die Schallplatte
8.	sich langweilen	ausgehen	basteln	spielen
9.	der Treffpunkt	das Spielzeug	der Bleisoldat	das Plüschtier
10.	mitmachen	sammeln	mitkommen	sich treffen

3. Retrouver les cinq mots en remettant les lettres dans le bon ordre.

SUAHZCRUE	ESINETGBFE	AGTUSHAS	FTEPKNURFT	GITIWZ

4. Compléter les phrases suivantes en respectant la traduction.

1. Dieser Film ist .... und ....
   Ce film est monotone et ennuyeux.
2. Wir haben die .... im Restaurant ....
   Nous avons rencontré les acteurs au restaurant.
3. Diese .... nicht mehr.
   Ces ciseaux ne coupent plus.
4. Kannst du bitte eine andere .... ?
   Peux-tu mettre un autre disque s'il te plaît ?
5. Hast du .... ? – Nein, ich habe ....
   As-tu gagné ? – Non, j'ai perdu.
6. Die Kinder haben sich ...., ich .... sie nicht.
   Les enfants se sont cachés, je ne les trouve pas.
7. Meine Eltern haben eine neue .... gekauft.
   Mes parents ont acheté une nouvelle chaîne hi-fi.
8. Fritz hat viele .... erzählt, ich habe mich gut
   ....
   Fritz a raconté beaucoup de blagues, je me suis bien amusée.
9. Meine Mutter .... alte ....
   Ma mère collectionne les vieilles peluches.
10. Wir haben uns in einem .... auf dem Land
    ....
    Nous nous sommes donné rendez-vous dans une auberge à la campagne.

21 Les cinq sens

die fünf Sinne	les cinq sens
hören *(hat)*	entendre
das Gehör	l'ouïe
der Lärm (sg.)	le bruit (contraire de silence)
das Geräusch (e)	le bruit (ponctuel)
die Stille (sg.)	le silence, le calme
taub	sourd
der Taube (adj.)	le sourd
stumm	muet
der Stumme (adj.)	le muet
laut	bruyant, fort
leise	doux, silencieux
still	tranquille, silencieux
geräuschlos	sans bruit
schrill	aigu
tief	grave
der Tastsinn	le toucher
der Druck	la pression
weich	moelleux
hart	dur
rauh	rugueux
glatt	lisse
warm	chaud
kalt	froid
heiß	très chaud
eiskalt	glacial
naß	mouillé
trocken	sec
riechen* *(hat)*	sentir
der Geruchssinn	l'odorat
der Duft (¨e)	l'odeur, le parfum
duften	sentir bon
geruchlos	inodore
angenehm	agréable
stinken* *(hat)*	puer
der Geschmack (es)	le goût
der Nachgeschmack (es)	l'arrière-goût
geschmacklos	insipide, fade
süß	doux, sucré
salzig	salé
bitter	amer
sauer	acide, aigre
sehen* *(hat)*	voir
das Sehvermögen	la vue
der Blick (e)	le regard
das Licht (er)	la lumière
der Schatten (-)	l'ombre
die Dunkelheit (sg.)	l'obscurité
blind	aveugle
der Blinde (adj.)	l'aveugle
deutlich	clair, net, distinct
dunkel	sombre, foncé
glänzend	brillant
klar	clair
hell	clair
die Farbe (n)	la couleur
etw. (A) **färben** *(hat)*	teinter qch
gelb	jaune
orange	orange
rot	rouge
rosa	rose
lila	mauve
violett	violet
blau	bleu
himmelblau	bleu ciel
grün	vert
braun	brun, marron

schwarz	noir
weiß	blanc
grau	gris
bunt	bariolé, multicolore

VERBES ET EXPRESSIONS

ein Geräusch hören *(hat)*	*entendre un bruit*
auf jdn hören *(hat)*	*écouter qn (suivre ses conseils)*
dem Lehrer zu/hören *(hat)*	*écouter le professeur*
Lärm machen *(hat)*	*faire du bruit*
mit leiser Stimme	*à voix basse*
sich (D) eine CD an/hören *(hat)*	*écouter un CD*
nach Küche riechen* *(hat)*	*sentir la cuisine*
jdn nicht riechen können	*ne pas pouvoir sentir qn*
nach Gas stinken* *(hat)*	*puer le gaz*
nach Fisch schmecken *(hat)*	*avoir un goût de poisson*
ein Licht sehen* *(hat)*	*voir une lumière*
sich (D) einen Film an/sehen* *(hat)*	*regarder un film*
einem Fußballspiel zu/sehen* *(hat)*	*regarder un match de football*
jdn, etw. (A) an/starren *(hat)*	*fixer qn, qch*
sich (A) nach jdm um/sehen* *(hat)*	*tourner la tête vers qn*
ins Leere starren *(hat)*	*regarder fixement dans le vide*
aus dem Fenster schauen *(hat)*	*regarder par la fenêtre*

PHRASES

Wir haben das Haus geräuschlos verlassen.
Nous avons quitté la maison sans faire de bruit.

Meine Mutter hat eine laute und schrille Stimme.
Ma mère a une voix forte et aiguë.

Das war viel Lärm um nichts.
C'était beaucoup de bruit pour rien.

Ich trage diesen Pullover gern, er ist warm und weich.
J'aime bien porter ce pull-over, il est chaud et doux.

Ich hätte auf meinen Vater hören sollen.
J'aurais dû écouter mon père.

Hör mir doch zu, wenn ich zu dir spreche !
Écoute-moi donc quand je te parle !

Diese Speise hat einen bitteren Nachgeschmack.
Ce plat a un arrière-goût amer.

Ich möchte mein weißes Kleid blau färben.
Je voudrais teindre ma robe blanche en bleu.

Ich glaube, ich habe ein Geräusch gehört.
Je crois que j'ai entendu un bruit.

Mein Bruder ist blind geboren ; ich sehe gut.
Mon frère est aveugle de naissance ; moi, j'ai une bonne vue.

EXERCICES

1 Chasser l'intrus (souligner le mot qui ne va pas avec les autres) :

1.	still	leise	geräuschlos	laut
2.	blind	taub	sauer	stumm
3.	das Geräusch	der Geruchssinn	das Gehör	das Sehvermögen
4.	glatt	hart	klar	trocken
5.	gelb	grün	bunt	himmelblau
6.	starren	riechen	schauen	umsehen
7.	dunkel	hell	klar	glänzend
8.	angenehm	süß	rauh	weich
9.	der Lärm	der Duft	die Stille	das Geräusch
10.	schwarz	bunt	gelb	grau

2. Contredire les affirmations suivantes.

Exemple : Die Suppe ist warm
Nein, die Suppe ist kalt.

1. Lauras Kleid ist weiß. ....
2. Sprich bitte lauter. ....
.3. Der Hund ist naß. ....
4. Diese Speise ist süß. ....
5. Das Haus ist hell. ....
6. Die Kinder sind still. ....
7. Dieses Bett ist hart. ....
8. Das Brot riecht gut. ....
9. Die Mauer ist glatt. ....
10. Heute ist es sehr heiß. ....

3. Compléter les phrases par un des verbes suivants.

umsehen – ansehen – zuhören – anhören – hören

1. Peter will nie auf seinen Vater ....
2. Wir haben uns eine Videokassette ....
3. Du sollst mir ...., wenn ich spreche.
4. Ich werde mir diese neue Schallplatte ....
5. Er hat sich nach mir ....

4. Compléter les phrases suivantes en respectant la traduction.

1. Mein Bruder ist ...., meine Mutter ist ...., und mein Vater ist ....

   Mon frère est muet, ma mère est sourde et mon père est aveugle.

2. Anna trägt einen .... Rock und eine .... Bluse.

   Anna porte une jupe marron et un chemisier bleu ciel.

3. Die Katze liegt im .... des Baumes.

   Le chat est allongé à l'ombre de l'arbre.

4. Diese Speise ist völlig .... ; ich kann nicht einmal sagen, ob sie .... oder .... ist.

   Ce plat est complètement insipide ; je ne peux même pas dire s'il est salé ou sucré.

5. Ich habe einen guten ...., aber sehr schlechte ....

   J'ai un bon odorat mais de très mauvais yeux.

6. Ich habe ein .... im Garten ...., ...mal aus dem Fenster.

   J'ai entendu un bruit dans le jardin, regarde voir par la fenêtre.

7. Claudia hat ihre alte Hose blau ....

   Claudia a teint son vieux pantalon en bleu.

8. Der .... ist einer der fünf ....

   Le toucher est un des cinq sens.

9. Diese Blumen sind ...., sie haben keinen ....

   Ces fleurs sont inodores, elles n'ont pas d'odeur.

10. In der .... bin ich fast blind.

    Dans l'obscurité je suis presque aveugle.

Les sentiments 22

die Seele (n)	l'âme
das Gefühl (e)	le sentiment, l'impression
gefühlvoll	sensible
fühlen *(hat)*	sentir
empfinden* *(hat)*	ressentir
entstehen* *(ist)*	naître
jdn ergreifen* *(hat)*	saisir qn
die Laune (n)	l'humeur
die Stimmung	le moral, l'humeur
fröhlich	gai
die Fröhlichkeit	la gaieté
froh über + A	content de
zufrieden mit + D	content, satisfait de
die Freude	la joie
sich (A) **über etw.** (A) **freuen** *(hat)*	se réjouir de qch qui est arrivé
sich (A) **auf etw.** (A) **freuen** *(hat)*	se réjouir de qch qui doit venir
sorglos	insouciant
die Sorglosigkeit	l'insouciance
die Begeisterung	l'enthousiasme
begeistern *(hat)*	enthousiasmer
begeistert	enthousiaste
die Liebe	l'amour
jdn / etwas (A) **lieben** *(hat)*	aimer qn / qch
die Vorliebe	la préférence
die Leidenschaft (en)	la passion
der Stolz	la fièrté
stolz auf + A	fier de
die Hoffnung (en)	l'espoir
hoffen *(hat)*	espérer
das Vertrauen	la confiance
das Mißtrauen	la méfiance
jdm vertrauen *(hat)*	faire confiance à qn
jdm mißtrauen *(hat)*	se méfier de qn
mißtrauisch	méfiant
die Bewunderung	l'admiration
bewundern *(hat)*	admirer
die Faszination	la fascination
faszinieren *(hat)*	fasciner
das Erstaunen	l'étonnement
staunen, über + A *(hat)*	s'étonner, être stupéfait de
erstaunt	étonné
sich (A) **wundern, über** + A *(hat)*	s'étonner de
verwundert	étonné
die Verwirrung	le trouble, la confusion
verwirrt	troublé
die Ruhe	le calme, le repos
ruhig	calme
unruhig	inquiet
jdn beruhigen*(hat)*	rassurer, calmer qn
jdn beunruhigen *(hat)*	inquiéter qn
die Sicherheit	la certitude
sicher	sûr, certain
unsicher	incertain
die Sorge (n)	le souci
der Kummer	le chagrin
traurig	triste

die Traurigkeit	la tristesse
der Trost	la consolation
trösten *(hat)*	consoler
bedauern *(hat)*	regretter
der Ärger	la contrariété
sich (A) **ärgern, über** + A *(hat)*	être contrarié, énervé
die Enttäuschung (en)	la déception
jdn enttäuschen *(hat)*	décevoir qn

die Angst (¨e)	la peur
ängstlich	peureux
die Furcht	la peur
furchtbar	terrible(ment)
fürchten *(hat)*	craindre, avoir peur
der Schreck (en)	l'effroi, la frayeur
schrecklich	terrible

der Zorn	la colère
zornig	en colère, furieux
die Wut	la fureur
wütend	furieux
die Empörung	l'indignation
empören *(hat)*	indigner, révolter
sich (A) **mit jdm streiten*** *(hat)*	se disputer avec qn
der Haß (sses)	la haine
jdn hassen *(hat)*	haïr qn
die Verachtung	le mépris
jdn verachten *(hat)*	mépriser qn

die Eifersucht	la jalousie
eifersüchtig auf + A	jaloux de
der Neid	la jalousie, l'envie
neidisch auf + A	jaloux, envieux
jdn beneiden um + A *(hat)*	envier qn
egal	indifférent
gleichgültig	indifférent
unerträglich	insupportable
die Scham	la honte
sich (A) **für etw.** (A) **schämen** *(hat)*	avoir honte de qch
das Mitleid	la pitié

VERBES ET EXPRESSIONS

aus Angst vor einem Mißerfolg	*par peur d'un échec*
schlechter Laune sein *(ist)*	*être de mauvaise humeur*
alles schwarz sehen* *(hat)*	*voir tout en noir*
Angst haben, vor + D *(hat)*	*avoir peur de*
Angst haben, um + A *(hat)*	*avoir peur pour*
vor Angst zittern *(hat)*	*trembler de peur*
sich (D) Sorgen machen, um + A *(hat)*	*se faire des soucis pour*
vor Freude weinen *(hat)*	*pleurer de joie*
vor Schrecken schreien* *(hat)*	*crier de terreur*

jdm gefallen* *(hat)*	*plaire à qn*
mit jdm Mitleid haben *(hat)*	*avoir de la pitié pour qn*
in Wut geraten* *(ist)*	*se mettre en colère*
die Liebe zur Natur	*l'amour de la nature*
Liebe auf den ersten Blick	*le coup de foudre*

PHRASES

Mein Vater hat mich geärgert, ich bin schlechter Laune.
Mon père m'a énervé, je suis de mauvaise humeur.

Der Film hat mir gut gefallen, er ist sehr fröhlich.
Le film m'a bien plu, il est très gai.

Paul ist neidisch auf den Erfolg seines Bruders.
Paul est jaloux du succès de son frère.

Ich mache mir Sorgen um seine Zukunft.
Je me fais des soucis pour son avenir.

Herr Forster ist sehr stolz auf die Schönheit seiner Frau.
Monsieur Forster est très fier de la beauté de sa femme.

Der Schmerz ist unerträglich geworden.
La douleur est devenue insupportable.

Ich fürchte mich vor Spinnen.
J'ai peur des araignées.

Anna hat Kummer, wir müssen sie trösten.
Anna a du chagrin, nous devons la consoler.

Das Ende der Geschichte hat mich enttäuscht.
La fin de l'histoire m'a déçu.

Man kann ihm nicht vertrauen.
On ne peut pas lui faire confiance.

EXERCICES

1. Intégrer le groupe nominal entre parenthèses en utilisant la préposition qui convient.

1. Ich habe Mitleid .... (diese Frau).
2. Ich freue mich sehr .... (die nächsten Ferien).
3. Paul ist zufrieden .... (sein Leben).
4. Louise weinte .... (Angst).
5. Ich schäme mich .... (mein Verhalten).
6. Ich habe Angst .... (dieser Hund).
7. Frau Kloos ist sehr stolz .... (ihre Kinder).
8. Das Kind zitterte .... (Freude).
9. Ich freue mich .... (dein schneller Erfolg).
10. Die Nachbarn sind neidisch .... (unser Haus).

2. Trouver le nom qui correspond à chacun des adjectifs suivants.

1. neidisch ....
4. enttäuscht ....
5. ruhig ....
6. mißtrauisch ....
7. fasziniert ....
8. froh ....
9. ängstlich ....
10. wütend ....

3. Relier un des éléments numérotés 1 à 10 à un des éléments numérotés a à j. Ecrire la phrase obtenue.

1.	Ursula ist zufrieden,	a.	weil sie kein Geschenk bekommen hat.
2.	Anna ist traurig,	b.	weil sie einen wunderbaren Film gesehen hat.
3.	Klara ist begeistert,	c.	weil der Schauspieler sehr gut spielt.
4.	Claudia ist unruhig,	d.	weil sie sich mit ihrem Bruder gestritten hat.
5.	Frieda ist enttäuscht,	e.	weil sie einen schönen Abend verbracht hat.
6.	Nina ist mißtrauisch,	f.	weil ihr Großvater gestorben ist.
7.	Antje ärgert sich,	g.	weil sie diesen Mann nicht kennt.
8.	Lisa schämt sich,	h.	weil sie die beste Note bekommen hat.
9.	Laura ist fasziniert,	i.	weil sie viele Sorgen hat.
10.	Sonja ist stolz,	j.	weil sie vor ihren Freunden geweint hat.

1. ....

2. ....

3. ....

4. ....

5. ....

6. ....

7. ....

8. ....

9. ....

10. ....

4. Compléter les phrases suivantes en respectant la traduction.

1. Ich habe keine .... mehr, er .... überhaupt keine .... für mich.

   Je n'ai plus d'espoir, il ne ressent aucun amour pour moi.

2. Mein Vater .... sehr schnell in ....

   Mon père se met très vite en colère.

3. Ich .... sie um ihre .... und ihre ....

   Je l'envie pour sa gaieté et son insouciance.

4. Was ich für dich empfinde, ist nicht ...., sondern ....

   Ce que je ressens pour toi n'est pas de l'amour mais de la passion.

5. Ich .... sehr, dich .... zu haben.

   Je regrette beaucoup de t'avoir déçu.

6. Claudia war so ...., daß ich sie nicht .... konnte.

   Claudia était si furieuse que je n'arrivais pas à la calmer.

7. Sein Verhalten .... mich, er ist so ....

   Son comportement me révolte, il est si méfiant.

8. .... ist schlimmer als ....

   Le mépris est pire que la haine.

9. Zwischen ihnen war es ....

   Entre eux ça a été le coup de foudre.

10. Ich .... ihn sehr, weil er immer guter .... ist.

    Je l'admire beaucoup car il est toujours de bonne humeur.

Les relations humaines 23

die Sprache (n)	la langue
sprechen* *(hat)*	parler
reden *(hat)*	parler
sagen *(hat)*	dire
schweigen* *(hat)*	se taire
murmeln *(hat)*	murmurer
flüstern *(hat)*	chuchoter, murmurer
schimpfen *(hat)*	gronder, râler, crier
schreien* *(hat)*	crier
jdn an/schreien* *(hat)*	crier sur qn
schweigsam	taciturne, silencieux
geschwätzig	bavard
das Gespräch (e)	la discussion, la conversation
sich (A) **mit jdm unterhalten*** *(hat)*	parler, s'entretenir avec qn
mit jdm diskutieren *(hat)*	discuter avec qn
sich (A) **an jdn wenden*** *(hat)*	s'adresser à qn
die Frage (n)	la question
jdn nach etw. (D) **fragen** *(hat)*	demander qch à qn
die Antwort (en)	la réponse
jdm anworten *(hat)*	répondre à qn
mit jdm einverstanden sein *(ist)*	être d'accord avec qn
jdm zu/stimmen *(hat)*	approuver qn
jdn von etw. (D) **überzeugen** *(hat)*	convaincre qn de qch
jdn zu etwas (D) **überreden** *(hat)*	persuader qn de faire qch
etw. (A) **behaupten** *(hat)*	affirmer qch
jdm widersprechen* *(hat)*	contredire qn
nicken *(hat)*	acquiescer
die Bitte (n)	la demande
der Gefallen	le service
jdn um etw. (A) **bitten*** *(hat)*	demander qch à qn, prier qn
die Hilfe (n)	l'aide, le secours
jdm helfen* *(hat)*	aider qn
jdm etw. (A) **vor/werfen*** *(hat)*	reprocher qch à qn
der Vorwurf (¨e)	le reproche
etw. (A) **aus/halten*** *(hat)*	supporter qch
jdn beleidigen *(hat)*	vexer qn
sich (A) **für etw.** (A) **entschuldigen** *(hat)*	s'excuser de qch
die Entschuldigung (en)	l'excuse
jdm etw. (A) **verzeihen*** *(hat)*	excuser qn de qch
die Verzeihung	le pardon
der Befehl (e)	l'ordre
jdm etw. befehlen* *(hat)*	ordonner qch à qn
jdm etwas (A) **an/bieten***	proposer qch à qn
vor/schlagen*	proposer
der Vorschlag (¨e)	la proposition
das Angebot (e)	l'offre
etw. (A) **an/nehmen*** *(hat)*	accepter qch
etw. (A) **akzeptieren** *(hat)*	accepter qch
etw. (A) **ab/lehnen** *(hat)*	refuser qch

jdm etw. (A) erlauben *(hat)*	autoriser qch à qn
die Erlaubnis	la permission
das Versprechen (-)	la promesse
jdm etw. (A) versprechen* *(hat)*	promettre qch à qn
die Lüge (en)	le mensonge
lügen* *(hat)*	mentir
jdn an/lügen* *(hat)*	mentir à qn
das Geheimnis (sses, sse)	le secret
heimlich	en secret, en cachette
das Telefon (e)	le téléphone
das Telefonbuch	l'annuaire téléphonique
die Telefonzelle (n)	la cabine téléphonique
das Kartentelefon (e)	le téléphone à carte
mit jdm telefonieren *(hat)*	téléphoner à qn
jdn an/rufen* *(hat)*	appeler qn au téléphone
auf/legen *(hat)*	raccrocher (téléphone)
erreichen *(hat)*	atteindre, joindre
erfahren* *(hat)*	apprendre
die Erfahrung (en)	l'expérience
jdn benachrichtigen *(hat)*	mettre qn au courant

jdm Bescheid sagen *(hat)*	dire à qn, mettre qn au courant
der Gruß (¨e)	la salutation
jdn grüßen *(hat)*	saluer qn
jdm winken *(hat)*	faire signe à qn
jdn küssen *(hat)*	embrasser qn
der Kuß (¨sse)	le baiser
Tschüß !	salut !
jdm begegnen *(ist)*	rencontrer qn
jdn wieder/sehen* *(hat)*	revoir qn
auf Wiedersehen !	au revoir !
der Freund (e)	l'ami
der Kamerad (en, en)	le camarade
die Freundschaft	l'amitié
mit jdm befreundet sein *(ist)*	être ami avec qn
jdn kennen/lernen *(hat)*	faire la connaissance de qn
sich (A) vor/stellen *(hat)*	se présenter
lachen *(hat)*	rire
lächeln *(hat)*	sourire
jdn beeinflussen *(hat)*	influencer qn
der Einfluß (sses, ¨sse)	l'influence
jdn beeindrucken *(hat)*	impressionner qn
sich (A) an/passen *(hat)*	s'adapter

VERBES ET EXPRESSIONS

jdn um einen Gefallen bitten* *(hat)*	*demander un service à qn*
jdm einen Gefallen tun* *(hat)*	*rendre un service à qn*
jdn um die Erlaubnis bitten* *(hat)*	*demander l'autorisation à qn*
eine Frage stellen *(hat)*	*poser une question*

auf eine Frage antworten	*répondre à une question*
jdm ein Geheimnis an/vertrauen	*confier un secret à qn*
ein Geheimnis bewahren *(hat)*	*garder un secret*
ein Geheimnis verraten* *(hat)*	*trahir un secret*
ein Versprechen ein/halten* *(hat)*	*tenir une promesse*
jdm einen Befehl geben* *(hat)*	*donner un ordre à qn*
einen schlechten Einfluß auf jdn haben *(hat)*	*avoir une mauvaise influence sur qn*
jdm Vorwürfe machen *(hat)*	*faire des reproches à qn*
jdm die Hand schütteln *(hat)*	*serrer la main à qn*
aus einer Telefonzelle an/rufen* *(hat)*	*appeler d'une cabine téléphonique*

PHRASES

Du solltest dich bei deinem Vater entschuldigen.
Tu devrais t'excuser auprès de ton père.

Kannst du bitte schweigen, ich höre den Lehrer nicht mehr.
Peux-tu te taire s'il te plaît, je n'entends plus le professeur.

Was hast du mir vorzuwerfen ?
Qu'est-ce que tu as à me reprocher ?

Ich habe eine Bitte an dich : Kannst du bitte Paul anrufen ?
J'ai un service à te demander : peux-tu appeler Paul s'il te plaît ?

Ich habe mich mit ihm unterhalten : Er ist mit mir einverstanden.
J'en ai parlé avec lui : il est d'accord avec moi.

Sie hat fast eine Stunde mit ihrer Freundin telefoniert.
Elle a passé presque une heure au téléphone avec sa copine.

Meine Eltern haben mir erlaubt, heute abend mit meinen Freunden auszugehen.
Mes parents m'ont autorisé à sortir avec mes amis ce soir.

Ich habe ihm versprochen, das Geheimnis zu bewahren.
Je lui ai promis de garder le secret.

Heinrich ist mein Freund, ich habe ihn vor fünf Jahren kennengelernt.
Henri est mon ami, je l'ai connu il y a cinq ans.

Peter hat mich angelogen, ich werde es ihm nicht verzeihen.
Pierre m'a menti, je ne le lui pardonnerai pas.

EXERCICES

1. Associer les mots de la liste 1 avec ceux de la liste 2 pour former des paires logiques.

liste 1	*der Kamerad*	schweigen	die Frage	flüstern	diskutieren
schimpfen	die Entschuldigung	zustimmen	annehmen	anrufen	die Bitte

liste 2	schreien	widersprechen	telefonieren	die Antwort	sich unterhalten
die Verzeihung	sprechen	murmeln	*der Freund*	ablehnen	der Gefallen

Exemple : der Kamerad – der Freund

1. ....

2. ....

3. ....

4. ....

5. ....

6. ....

7. ....

8. ....

9. ....

10. ....

2. Compléter avec le mot qui convient.

1. Er hat mich .... die Erlaubnis gebeten, mitzukommen.

2. Kannst du mir einen Gefallen .... ?

3. Frau Klars hat keinen Einfluß mehr .... ihren Sohn.

4. Paß auf ! Claudia kann kein Geheimnis ....

5. Hast du dich .... deine Unhöflichkeit entschuldigt ?

3. Compléter le tableau en suivant l'exemple de la première ligne.

verbe	traduction	substantif	traduction
jdn beeinflussen	*influencer qn*	*der Einfluß*	*l'influence*
jdn grüßen			
		die Bitte	
			l'autorisation
	proposer		
versprechen			
	mentir à qn		
		der Befehl	
jdn entschuldigen			
	aider qn		
			la réponse

4. Compléter les phrases suivantes en respectant la traduction.

1. Dieser Lehrer hat mich sehr ....
   Ce professeur m'a beaucoup influencé.
2. Ich finde das .... nicht mehr.
   Je ne trouve plus l'annuaire téléphonique.
3. Nadia hat mir ...., dieses .... nicht zu ....
   Nadia m'a promis de ne pas trahir ce secret.
4. Ich .... deinem Bruder im Café ....
   J'ai rencontré ton frère au café.
5. Hat er dich .... ? – Ja, und er hat mich auch .... !
   Est-ce qu'il t'a salué ? Oui, et il m'a aussi embrassée !
6. Klaus ist sehr ...., weil ich ihm .... habe.
   Klaus est très vexé parce que je l'ai contredit.
7. Er hat mir ...., zu .... zu sein.
   Il m'a reproché d'être trop silencieuse.
8. Du hast mich ...., ich werde diesen Arzt ....
   Tu m'as convaincue, je vais appeler ce médecin.
9. Du solltest ihn nicht ...., er hat einen schlechten .... auf dich.
   Tu ne devrais pas le revoir, il a une mauvaise influence sur toi.
10. Ich habe Paul in Berlin ....
    J'ai fait la connaissance de Paul à Berlin.

Communiquer, rencontrer les gens

Guten Tag, mein Name ist Jean Traque.	*Bonjour, mon nom est Jean Traque.*
Guten Abend, es freut mich, dich zu sehen.	*Bonsoir, je suis content de te voir.*
Hallo Peter, das ist Lola, meine Schwester.	*Salut Peter, voici ma sœur Lola.*
Ich freue mich, Sie kennenzulernen.	*Je suis ravi de faire votre connaissance.*
Ich möchte dir meinen besten Freund vorstellen.	*Je voudrais te présenter mon meilleur ami.*
Wie geht es dir ? – Danke, sehr gut.	*Comment vas-tu ? – Merci, très bien.*
Ich hoffe, wir sehen uns bald wieder.	*A bientôt, j'espère.*
Tschüß, bis morgen.	*Salut, à demain.*
Bis demnächst !	*A la prochaine !*
Grüße deine Eltern von mir.	*Salue tes parents de ma part.*

En classe

Setzt euch !	*Asseyez-vous !*
Ruhe bitte !	*Un peu de calme, s'il vous plaît !*
Meldet euch !	*Levez la main !*
Benehmt euch ordentlich !	*Tenez vous correctement !*
Können Sie bitte wiederholen ?	*Pouvez-vous répéter, s'il vous plaît ?*
Was haben Sie gesagt, ich habe nicht verstanden.	*Qu'avez-vous dit, je n'ai pas compris.*
Was bedeutet dieses Wort ?	*Que signifie ce mot ?*
Können Sie das Wort buchstabieren ?	*Pouvez-vous épeler ce mot ?*
Können Sie ein Beispiel nennen ?	*Pouvez-vous donner un exemple ?*
Können Sie mir das erklären ?	*Pouvez-vous m'expliquer cela ?*
Lies bitte vor !	*Lis à voix haute s'il te plaît !*
Komm an die Tafel !	*Viens au tableau !*

Demander

Wo hast du dieses Kleid gefunden ?	*Où as-tu trouvé cette robe ?*
Wann hast du ihn zuletzt gesehen ?	*Quand l'as-tu vu pour la dernière fois ?*
Entschuldigung, können Sie mir sagen, wie man zum Bahnhof kommt ?	*Excusez- moi, pourriez-vous me dire comment on va à la gare ?*

Wieviel Uhr ist es ? / Wie spät ist es ?	*Quelle heure il est ?*
Kannst du mir bitte das Salz reichen ?	*Peux-tu me passer le sel, s'il te plaît ?*
Ist alles in Ordnung ?	*Tout va bien ?*
Wer hat mich angerufen ? – Ich weiß es nicht.	*Qui est-ce qui m'a appelé ? – Je ne sais pas.*
Darf ich das Licht anmachen ?	*Puis-je allumer la lumière ?*
Woher kennst du ihn ?	*Tu le connais d'où ?*

Proposer, suggérer

Ich kann dir vielleicht helfen ?	*Je peux peut-être t'aider ?*
Kann ich etwas für Sie tun ?	*Puis-je faire quelque chose pour vous ?*
Nehmen Sie Platz.	*Asseyez-vous.*
Fühlen Sie sich ganz wie zu Hause.	*Faites comme chez vous.*
Bedienen Sie sich.	*Servez-vous.*
Was möchtest du trinken ? Fruchtsaft oder Bier ?	*Que veux-tu boire ? Un jus de fruit ou de la bière ?*
Möchtest du etwas zu essen ?	*Veux-tu manger quelque chose ?*
Wollen wir einen Spaziergang machen ?	*Et si nous faisions une promenade ?*
Wie wäre es mit einer Tasse Kaffee ?	*Que diriez-vous d'une tasse de café ?*
Willst du dich ein bißchen ausruhen ?	*Veux-tu te reposer un petit peu ?*

Remercier

Ja gern, das ist sehr nett von dir.	*Merci, c'est très sympa de ta part.*
Nein danke, ich werde es allein schaffen.	*Non merci, j'y arriverai tout seul.*
Tausend Dank, es hat mich sehr gefreut.	*Merci mille fois, cela m'a fait très plaisir.*
Vielen Dank ! – Bitte sehr !	*Merci beaucoup ! – Je vous en prie !*
Ich danke dir für deinen Anruf.	*Je te remercie de ton appel.*
Danke sehr für deine Hilfe.	*Merci beaucoup de ton aide.*
Du solltest ihm danken.	*Tu devrais le remercier.*
Oh danke ! Es freut mich so sehr !	*Oh merci ! Ça me fait tellement plaisir !*
Ich bin Ihnen sehr dankbar.	*Je vous suis très reconnaissant.*
Deine Hilfe werde ich nie vergessen.	*Je n'oublierai jamais ton aide !*

S'excuser

Es tut mir leid, ich kann nicht kommen.	*Je suis désolé, je ne peux pas venir.*
Ich hoffe, er wird es mir verzeihen.	*J'espère qu'il voudra bien me le pardonner.*

Entschuldigung ! Ich habe mich geirrt.	*Excusez-moi ! Je me suis trompé.*
Verzeihung ! Das habe ich nicht so gemeint !	*Pardon ! Ce n'est pas ce que je voulais dire.*
Ich habe es völlig vergessen !	*J'ai complètement oublié !*
Tut mir leid !	*Désolé !*
Das ist leider nicht möglich.	*Malheureusement, ce n'est pas possible.*
Du solltest dich bei ihm entschuldigen.	*Tu devrais lui présenter tes excuses.*
Bitte, verzeihen Sie mir meine Frechheit.	*S'il vous plaît, excusez mon insolence.*

Accord – Désaccord

Ich bin mit dir einverstanden.	*Je suis d'accord avec toi.*
O.K., du hast recht.	*D'accord, tu as raison.*
Ja, natürlich.	*Oui, bien sûr.*
Völlig einverstanden.	*Tout à fait d'accord.*
Reisen wir morgen ab ? – Abgemacht !	*On part demain ? – Ç'est d'accord !*
Nein, das glaube ich dir nicht.	*Non, je ne te crois pas.*
Das kannst du vergessen !	*Tu peux l'oublier ! Pas question !*
Das kommt nicht in Frage.	*Il n'en est pas question.*
Spinnst du oder was ?	*Tu es fou ou quoi ?*
Überhaupt nicht !	*Absolument pas.*

Opinion

Meiner Meinung nach ist er schon weg.	*A mon avis, il est déjà parti.*
Ich glaube nicht, daß die beiden heiraten werden.	*Je ne crois pas qu'ils vont se marier.*
Was hältst du davon ?	*Qu'est-ce que tu en penses ?*
Keine Ahnung !	*Aucune idée ! Je n'en sais rien.*
Ich halte ihn für einen tollen Typ.	*Je pense que c'est un chic type.*
Ich bin überzeugt, daß sie lügt.	*Je suis persuadé qu'elle ment.*
Ich persönlich würde dieses Auto nicht kaufen.	*Personnellement je n'achèterais pas cette voiture.*
An deiner Stelle würde ich hier bleiben.	*A ta place, je resterais ici.*
Du solltest ihn lieber sofort verlassen.	*Tu ferais mieux de le quitter tout de suite.*
Am besten sollten wir morgen hinfahren.	*Le mieux serait que nous y allions demain.*
Ich denke, daß er morgen wiederkommt.	*Je pense qu'il reviendra demain.*

Exprimer ses goûts

Ich spiele gern Tennis.	*J'aime bien jouer au tennis.*
Ich mag Erdbeeren sehr.	*J'adore les fraises.*
Am liebsten trinke ich Orangensaft.	*Ce que je préfère, c'est le jus d'orange.*
Ich interessiere mich sehr für Tiere.	*Je m'intéresse beaucoup aux animaux.*
Ich mag Hunde lieber als Katzen.	*J'aime mieux les chiens que les chats.*
Ich trinke lieber Tee als Kaffee.	*Je préfère le thé au café.*
Ich gehe nicht gern in die Schule.	*Je n'aime pas aller à l'école.*
Ich mag keine grünen Bohnen.	*Je n'aime pas les haricots verts.*
Ich kann ihn nicht leiden.	*Je ne peux pas le supporter.*

Souhaits – Regrets

Viel Glück !	*Bonne chance !*
Schöne Ferien !	*Bonnes vacances !*
Viel Spaß !	*Amuse-toi bien !*
Auf deinen Erfolg !	*A ton succès !*
Ich würde gern ein neues Auto kaufen.	*J'aimerais bien acheter une nouvelle voiture.*
Was wünschst du dir zum Geburtstag ?	*Que souhaites-tu pour ton anniversaire ?*
Ich hätte diesen Film gern gesehen.	*J'aurais bien aimé voir ce film.*
Ich bedauere, ihn beleidigt zu haben.	*Je regrette de l'avoir vexé.*
Das ist wirklich schade !	*C'est vraiment dommage !*
Schade, daß du nicht gekommen bist !	*Dommage que tu ne sois pas venu !*
Da hast du Pech gehabt.	*Là, tu n'as pas eu de chance.*

Verbes forts et irréguliers

Les verbes à préverbe séparable accentué ne figurent pas dans cette liste ; vous devez vous reporter au verbe de base. Exemple : pour **an/bieten***, regardez à **bieten**.

backen, backte, gebacken
befehlen, befahl, befohlen, befiehlt
befinden (sich), befand, befunden
begehen, beging, begangen
beginnen, begann, begonnen
bekommen, bekam, bekommen
besitzen, besaß, besessen
bestehen, bestand, bestanden
biegen, bog, gebogen
bieten, bot, geboten
binden, band, gebunden
bitten, bat, gebeten
blasen, blies, geblasen, bläst
bleiben, blieb, geblieben
braten, briet, gebraten, brät
brennen, brannte, gebrannt
bringen, brachte, gebracht
denken, dachte, gedacht
empfangen, empfing, empfangen, empfängt
empfinden, empfand, empfunden
entlassen, entließ, entlassen, entläßt
entstehen, entstand, entstanden
erfahren, erfuhr, erfahren, erfährt
ergreifen, ergriff, ergriffen
ertragen, ertrug, ertragen, erträgt
erziehen, erzog, erzogen
essen, aß, gegessen, ißt
fahren, fuhr, gefahren, fährt
fallen, fiel, gefallen, fällt
fangen, fing, gefangen, fängt
finden, fand, gefunden
fließen, floß, geflossen
geben, gab, gegeben, gibt
gefallen, gefiel, gefallen, gefällt
gehen, ging, gegangen
geraten, geriet, geraten, gerät
geschehen, geschah, geschehen, geschieht
gewinnen, gewann, gewonnen
greifen, griff, gegriffen
haben, hatte, gehabt
halten, hielt, gehalten, hält
hängen, hing, gehangen
heißen, hieß, geheißen
helfen, half, geholfen, hilft
kennen, kannte, gekannt
kommen, kam, gekommen
laden, lud, geladen, lädt (& faible)
lassen, ließ, gelassen, läßt
laufen, lief, gelaufen, läuft
leiden, litt, gelitten
lesen, las, gelesen, liest
liegen, lag, gelegen
lügen, log, gelogen
messen, maß, gemessen, mißt
nehmen, nahm, genommen, nimmt
nennen, nannte, genannt
raten, riet, geraten, rät
reiten, ritt, geritten
riechen, roch, gerochen
rufen, rief, gerufen
scheinen, schien, geschienen
schießen, schoß, geschossen
schlafen, schlief, geschlafen, schläft
schlagen, schlug, geschlagen, schlägt

schließen, schloß, geschlossen

schneiden, schnitt, geschnitten

schreiben, schrieb, geschrieben

schreien, schrie, geschrien

schweigen, schieg, geschwiegen

schwimmen, schwamm, geschwommen

sehen, sah, gesehen, sieht

sein, war, gewesen, ist

sitzen, saß, gesessen

sprechen, sprach, gesprochen, spricht

springen, sprang, gesprungen

stehen, stand, gestanden

steigen, stieg, gestiegen

sterben, starb, gestorben, stirbt

stinken, stank, gestunken

streichen, strich, gestrichen

streiten, stritt, gestritten

treffen, traf, getroffen, trifft

treiben, trieb, getrieben

treten, trat, getreten, tritt

trinken, trank, getrunken

tun, tat, getan

überschreiten, überschritt, überschritten

unternehmen, unternahm, unternommen, unternimmt

verbringen, verbrachte, verbracht

vergehen, verging, vergangen

vergessen, vergaß, vergessen, vergißt

verlassen, verließ, verlassen, verläßt

verlieren, verlor, verloren

verraten, verriet, verraten, verrät

versprechen, versprach, versprochen, verspricht

verzeihen, verzieh, verziehen

wachsen, wuchs, gewachsen, wächst

waschen, wusch, gewaschen, wäscht

weisen, wies, gewiesen

wenden, wandt, gewandt (& faible)

werden, wurde, geworden, wird

werfen, warf, geworfen, wirft

widersprechen, widersprach, widersprochen, widerspricht

wiegen, wog, gewogen

ziehen, zog, gezogen

Achevé d'imprimer en novembre 1996 dans les ateliers de Normandie Roto Impression s.a., 61250 Lonrai
N° d'impression : 962238 Dépôt légal : novembre 1996 *Imprimé en France*